Am 11. Februar 1963 begeht Sylvia Plath Selbstmord, sie ist 30 Jahre alt. Ihr Nachlass: Tagebücher, längere Prosa, Lyrik, ein beeindruckendes Werk. Heute ist sie die berühmteste amerikanische Dichterin des 20. Jahrhunderts.

50 Jahre nach ihrem Tod erscheint nun, erstmals in deutscher Übersetzung und in einer zweisprachigen Ausgabe, *Der Koloss* – Sylvia Plath' einziger Gedichtband zu Lebzeiten und ihre erste Buchveröffentlichung überhaupt. Was auch immer man über die große Ausbruchskünstlerin zu wissen glaubt, aus dem Nachlass, den späteren Erzählungen ihrer Weggefährten oder den unzähligen Biographien: Hier legt sie zum ersten Mal literarisch Zeugnis ab. Hier fängt alles an.

Der Koloss ist ein Buch der Verwandlungen, seine Verse erzählen von einer Welt, die düster ist und voller Sehnsucht, in der zwischen Irrenhaus, Mythos und Märchen eine Frau um unangetastete Identität ringt. Die Geburtsstunde einer Ikone.

Sylvia Plath

Der Koloss

Gedichte

Englisch und deutsch

Übertragen von Judith Zander

Suhrkamp

Erstveröffentlicht wurden die Gedichte im Jahr 1960 von
William Heinemann Limited unter dem Titel *The Colossus*.
Die deutsche Übersetzung folgt der Ausgabe von
Faber and Faber, erschienen 2008.

Erste Auflage dieser Ausgabe 2023

Umschlaggestaltung nach Entwürfen
von hißmann, heilmann, hamburg
Druck: Books on Demand GmbH, Norderstedt
Printed in Germany
ISBN 978-3-518-24376-3

www.suhrkamp.de

Der Koloss

Für Ted

The Manor Garden

The fountains are dry and the roses over.
Incense of death. Your day approaches.
The pears fatten like little buddhas.
A blue mist is dragging the lake.

You move through the era of fishes,
The smug centuries of the pig –
Head, toe and finger
Come clear of the shadow. History

Nourishes these broken flutings,
These crowns of acanthus,
And the crow settles her garments.
You inherit white heather, a bee's wing,

Two suicides, the family wolves,
Hours of blackness. Some hard stars
Already yellow the heavens.
The spider on its own string

Crosses the lake. The worms
Quit their usual habitations.
The small birds converge, converge
With their gifts to a difficult borning.

Der Park des Herrenhauses

Die Springbrunnen sind trocken und die Rosen verblüht.
Weihrauch des Todes. Dein Tag rückt näher.
Die Birnen werden fett wie kleine Buddhas.
Ein blauer Nebel zerrt am See.

Du wanderst durch das Zeitalter der Fische,
Die eitlen Jahrhunderte des Schweins –
Kopf, Zeh und Finger
Treten aus dem Schatten. Geschichte

Nährt die kaputten Furchen,
Diese Akanthuskronen,
Und die Krähe ordnet ihre Kleider.
Du erbst weißes Heidekraut, einen Bienenflügel,

Zwei Selbstmorde, die Familienwölfe,
Stunden der Leere. Ein paar harte Sterne
Gilben bereits den Himmel.
Die Spinne an ihrem eigenen Band

Überquert den See. Die Würmer
Verlassen ihre üblichen Wohnstätten.
Die kleinen Vögel nähern sich, nähern sich
Mit ihren Gaben einer schwierigen Geburt.

Two Views of a Cadaver Room

1

The day she visited the dissecting room
They had four men laid out, black as burnt turkey,
Already half unstrung. A vinegary fume
Of the death vats clung to them;
The white-smocked boys started working.
The head of his cadaver had caved in,
And she could scarcely make out anything
In that rubble of skull plates and old leather.
A sallow piece of string held it together.

In their jars the snail-nosed babies moon and glow.
He hands her the cut-out heart like a cracked heirloom.

2

In Brueghel's panorama of smoke and slaughter
Two people only are blind to the carrion army:
He, afloat in the sea of her blue satin
Skirts, sings in the direction
Of her bare shoulder, while she bends,
Fingering a leaflet of music, over him,
Both of them deaf to the fiddle in the hands
Of the death's-head shadowing their song.
These Flemish lovers flourish; not for long.

Yet desolation, stalled in paint, spares the little country
Foolish, delicate, in the lower right hand corner.

Zwei Ansichten eines Leichenraums

1
Am Tag als sie in den Sektionssaal ging,
Lagen vier Männer dort, schwarz wie verschmorter Truthahn,
Schon halb zerlegt. An ihnen hing
Ein Essigdunst von den Totenwannen;
Die weißbekittelten Jungs fingen zu arbeiten an.
Der Kopf seiner Leiche war eingedellt,
Und sie konnte in diesem Geröll
Aus Schädelplatten und altem Leder kaum was erkennen.
Ein bleiches Stück Schnur hielt alles zusammen.

In ihren Gläsern träumen und leuchten die schneckennasigen Babys.
Er reicht ihr das rausgeschnittene Herz wie ein zersprungenes Erbstück.

2
In Brueghels Panorama aus Rauch und Gemetzel sind
Nur zwei Leute für die Aas-Armee blind:
Er, schwimmend im Meer von blauen
Satinröcken, singt in Richtung ihrer bloßen
Schulter, während sie, die Noten
In den Fingern, sich über ihn beugt, beide taub
Für die Fiedel in Händen des Toten-
Kopfs, Schatten über ihrem Gesang.
Diese flämischen Liebenden blühen, nicht lang.

Doch die Trostlosigkeit, verewigt in Öl, verschont das kleine Land
Töricht, zart, in der rechten unteren Ecke.

Night Shift

It was not a heart, beating,
That muted boom, that clangour
Far off, not blood in the ears
Drumming up any fever

To impose on the evening.
The noise came from the outside:
A metal detonating
Native, evidently, to

These stilled suburbs: nobody
Startled at it, though the sound
Shook the ground with its pounding.
It took root at my coming

Till the thudding source, exposed,
Confounded inept guesswork:
Framed in windows of Main Street's
Silver factory, immense

Hammers hoisted, wheels turning,
Stalled, let fall their vertical
Tonnage of metal and wood;
Stunned the marrow. Men in white

Undershirts circled, tending
Without stop those greased machines,
Tending, without stop, the blunt
Indefatigable fact.

Nachtschicht

Es war kein Herz, das schlägt, jenes
Gedämpfte Wummern, jenes Schmettern,
Weit weg, auch kein Blut in den Ohren,
Das jedes Fieber herbeitrommelt,

Um es dem Abend aufzuzwingen.
Die Geräusche kamen von draußen:
Ein knallend zerberstendes Metall,
Eingeboren offenbar diesen

Befriedeten Vororten: niemand
Erschrak, obgleich der Lärm den Boden
Erbeben ließ mit seinem Stampfen.
Er schlug Wurzeln bei meinem Kommen,

Bis die dröhnende Quelle, enthüllt,
Das täppische Rätseln verblüffte:
Eingerahmt von Fenstern der Main-Street-
Silberfabrik, hoben enorme

Hämmer sich bei drehenden Rädern,
Stoppten, warfen die senkrechte Fracht
Aus Metall und Holz ab; betäubten
Das Mark. Männer in weißen Unter-

Hemden kreisten, ohne Unterlass
Geschmierte Maschinen bedienend,
Dienend, ohne Unterlass, dem un-
Verblümten unermüdlichen Fakt.

Sow

God knows how our neighbour managed to breed
His great sow:
Whatever his shrewd secret, he kept it hid

In the same way
He kept the sow – impounded from public stare,
Prize ribbon and pig show.

But one dusk our questions commended us to a tour
Through his lantern-lit
Maze of barns to the lintel of the sunk sty door

To gape at it:
This was no rose-and-larkspurred china suckling
With a penny slot

For thrifty children, nor dolt pig ripe for heckling,
About to be
Glorified for prime flesh and golden crackling

In a parsley halo;
Nor even one of the common barnyard sows,
Mire-smirched, blowzy,

Maunching thistle and knotweed on her snout-cruise –
Bloat tun of milk
On the move, hedged by a litter of feat-foot ninnies

Shrilling her hulk
To halt for a swig at the pink teats. No. This vast
Brobdingnag bulk

Sau

Weiß Gott, wie unser Nachbar es hinbekam,
Sie zu züchten, seine große Sau:
Was immer sein Trick war, er hielt ihn geheim,

Genauso schlau,
Wie er seine Sau hielt – entzogen dem Andrang,
Preisschärpe und Schweineschau.

Doch eines Abends empfahlen uns unsere Fragen für einen Gang
Die Laternenwege in seinem Irrgarten
Von Scheunen bis zum Sturz der vertieften Stalltür entlang,

Um sie anzustarren:
Dies war kein Rosen- und Rittersspornferkel, porzellanbleich,
Mit einem Schlitz zum Sparen

Für artige Kinder, auch kein Tölpelschwein, zum Piesacken reif,
Um hinterdrein
Verklärt zu werden für goldene Krusten und 1a-Fleisch

In einem Petersilien-Heiligenschein;
Noch nicht mal eine der üblichen Säue vom Bauernhof,
Schlammbeschmiert, unrein,

Disteln und Knöterich mitschleifend bei ihrem Schnauzen-Lauf –
Aufgedunsenes Milchwrack
Auf Achse, eingeengt von ihrem Wurf, der, großspurig und doof,

Für einen gierigen Schluck
Aus den rosa Zitzen ihren Rumpf anquiekt. Nein. Dieser Koloss,
Brobdingnag-Brocken

Of a sow lounged belly-bedded on that black compost,
Fat-rutted eyes
Dream-filmed. What a vision of ancient hoghood must

Thus wholly engross
The great grandam! – our marvel blazoned a knight,
Helmed, in cuirass,

Unhorsed and shredded in the grove of combat
By a grisly-bristled
Boar, fabulous enough to straddle that sow's heat.

But our farmer whistled,
Then, with a jocular fist thwacked the barrel nape,
And the green-copse-castled

Pig hove, letting legend like dried mud drop,
Slowly, grunt
On grunt, up in the flickering light to shape

A monument
Prodigious in gluttonies as that hog whose want
Made lean Lent

Of kitchen slops and, stomaching no constraint,
Proceeded to swill
The seven troughed seas and every earthquaking continent.

Von einer Sau fläzte sich bauchgebettet auf jenem schwarzen Kompost,
Augen im Traumfilm,
Fettgefurcht. Welch eine Vision uralter Schweinheit muss

So ganz erfüllen
Die gewichtige Grande Dame! – Unser Staunen beschrieb einen Ritter
In Harnisch und Helm,

Aus dem Sattel geworfen, im Hain des Gefechts zersplittert
Von einem borstigen Schauer-
Eber, sagenhaft genug, die Brunst der Sau zu erschüttern.

Da aber pfiff unser Bauer,
Schlug mit scherzhafter Faust auf das Tonnengenick,
Und aus grüner Gestrüppmauer

Stemmte das Schwein, den Mythos abplatzen lassend wie trockenen
    Dreck,
Langsam sich hoch,
Grunzer auf Grunzer, formte in unserem Flackerlicht-Blick

Einen Moloch,
Ungeheuer in Fresssucht wie das Schwein, dem sein Drang
Ein Fastenjoch

Aus Küchenabfällen machte und das – es ertrug keinen Zwang –
Daranging, die sieben
Meereströge zu schlucken und jede erdbebende Masse Land.

The Eye-Mote

Blameless as daylight I stood looking
At a field of horses, necks bent, manes blown,
Tails streaming against the green
Backdrop of sycamores. Sun was striking
White chapel pinnacles over the roofs,
Holding the horses, the clouds, the leaves

Steadily rooted though they were all flowing
Away to the left like reeds in a sea
When the splinter flew in and stuck my eye,
Needling it dark. Then I was seeing
A melding of shapes in a hot rain:
Horses warped on the altering green,

Outlandish as double-humped camels or unicorns,
Grazing at the margins of a bad monochrome,
Beasts of oasis, a better time.
Abrading my lid, the small grain burns:
Red cinder around which I myself,
Horses, planets and spires revolve.

Neither tears nor the easing flush
Of eyebaths can unseat the speck:
It sticks, and it has stuck a week.
I wear the present itch for flesh,
Blind to what will be and what was.
I dream that I am Oedipus.

What I want back is what I was
Before the bed, before the knife,
Before the brooch-pin and the salve
Fixed me in this parenthesis;

Das Augenstäubchen

Makellos wie der helle Tag stand ich und guckte
Auf ein Feld mit Pferden, Hälse gebeugt, wehende Mähnen,
Flatternde Schwänze vor der grünen
Platanen-Kulisse. Die Sonne schickte
Weiße Kirchzinnen über die Dächer,
Hielt die Pferde, die Wolken, die Blätter

Fest verwurzelt, obschon alles sich nach
Links wie Schilfrohr im Wasser bog,
Als der Splitter ins Auge flog,
Hängenblieb, es ins Dunkel stach. Dann sah ich
Ein Sich-Mischen von Formen in heißem Regen:
Pferde verzerrt auf verschobenem Boden,

Fremdartig wie Kamel oder Einhorn,
Grasend am Rand, auf einem schlechten Schwarzweißbild,
Tiere der Oase, zu besserer Zeit.
Reib ich mein Lid, brennt das kleine Gran.
Roter Zunder, um den ich mit mir,
Pferden, Planeten und Türmchen rotiere.

Weder Tränen noch die erleichternde Dusche
Eines Augenbads können das Korn verscheuchen:
Es steckt fest, und steckt dort seit einer Woche.
Ich trag sie herum jetzt, die Gier nach Fleisch.
Blind für alles, was sein wird und war.
Ich bin Ödipus, doch das träume ich nur.

Was ich zurückwill, ist, was ich gewesen,
Bevor das Bett und die Messerschneide,
Bevor die Broschennadel, die Salbe
Mich einspannten in diese Parenthese;

Horses fluent in the wind,
A place, a time gone out of mind.

Was dem Sinn – Pferde fließend im Wind,
Ein Ort, eine Zeit – entschwand.

Hardcastle Crags

Flintlike, her feet struck
Such a racket of echoes from the steely street,
Tacking in moon-blued crooks from the black
Stone-built town, that she heard the quick air ignite
Its tinder and shake

A firework of echoes from wall
To wall of the dark, dwarfed cottages.
But the echoes died at her back as the walls
Gave way to fields and the incessant seethe of grasses
Riding in the full

Of the moon, manes to the wind,
Tireless, tied, as a moon-bound sea
Moves on its root. Though a mist-wraith wound
Up from the fissured valley and hung shoulder-high
Ahead, it fattened

To no family-featured ghost,
Nor did any word body with a name
The blank mood she walked in. Once past
The dream-peopled village, her eyes entertained no dream,
And the sandman's dust

Lost lustre under her footsoles.
The long wind, paring her person down
To a pinch of flame, blew its burdened whistle
In the whorl of her ear, and like a scooped-out pumpkin crown
Her head cupped the babel.

All the night gave her, in return
For the paltry gift of her bulk and the beat

Hardcastle Crags

Feuersteinartig schlug sie mit den Füßen
Aus der stählernen Straße solch ein Echogewitter,
Zickzackend in mondblauen Haken aus der schwarzen
Steinstadt, dass sie die lebendige Luft ihren Zunder
Entfachen hörte, krachen lassen

Ein Feuerwerk aus Echos zwischen
Den Mauern der dunklen, verhutzelten Dörfer.
Doch die Echos erstarben in ihrem Rücken, als die Mauern
Den Weg freigaben auf Felder, das unablässige Wallen der Gräser,
Reitend im vollen

Mondschein, Mähnen im Wind,
Unermüdlich, festgeknüpft, wie eine mondsüchtige See
Auf ihrer Wurzel rollt. Obschon ein Phantomdunst
Aufstieg aus dem zerklüfteten Tal und in Schulterhöhe
Vor ihr schwebte, verband

Er sich zu keinem familiengesichtigen Geist,
Noch verlieh irgendein Wort durch einen Namen
Der leeren Stimmung, in der sie wanderte, Gestalt. Einmal jenseits
Des traumbevölkerten Dorfes, hegten ihre Augen keinen Traum,
Und der Staub des Sandmanns

Verlor seinen Glanz unter ihren Sohlen.
Der weite Wind, der sie herunterkürzte
Auf ein Flammenquäntchen, blies sein schweres Heulen
In die Windung ihres Ohrs, und wie ein ausgehöhlter Kürbis
Umwölbte ihr Kopf das Brabbeln.

Alles, womit die Nacht ihr vergalt
Das karge Geschenk ihrer Masse und das Schlagen

Of her heart was the humped indifferent iron
Of its hills, and its pastures bordered by black stone set
On black stone. Barns

Guarded broods and litters
Behind shut doors; the dairy herds
Knelt in the meadow mute as boulders;
Sheep drowsed stoneward in their tussocks of wool, and birds,
Twig-sleeping, wore

Granite ruffs, their shadows
The guise of leaves. The whole landscape
Loomed absolute as the antique world was
Once, in its earliest sway of lymph and sap,
Unaltered by eyes,

Enough to snuff the quick
Of her small heat out, but before the weight
Of stones and hills of stones could break
Her down to mere quartz grit in that stony light
She turned back.

Ihres Herzens, war das höckerige, gleichgültige Metall
Der Hügel und das Grasland, begrenzt von schwarzem
Stein auf schwarzem Stein. Jeder Stall

Bewachte Gelege und Zuchten
Hinter verriegelten Türen; die Kuhherden
Knieten in der Wiese, stumm wie Felsbrocken;
Schafe schlummerten steinwärts in Wollbüscheln,
In ihrem Zweigschlaf trugen

Vögel Granitkrausen, ihre Schatten
Die Masken der Blätter. Die ganze Landschaft
Sah sie wie die alte Welt einst, absolut, aufragen,
In deren frühestem Schwung von Saft und Kraft,
Unverändert durch Augen,

Genug, um das Leben
Ihrer kleinen Wärme auszulöschen, doch bevor das Gewicht
Von Steinen und Hügeln von Steinen sie zerreiben
Konnte zu bloßem Quarzsand in diesem steinigen Licht,
Kehrte sie um.

Faun

Haunched like a faun, he hooed
From grove of moon-glint and fen-frost
Until all owls in the twigged forest
Flapped black to look and brood
On the call this man made.

No sound but a drunken coot
Lurching home along river bank.
Stars hung water-sunk, so a rank
Of double star-eyes lit
Boughs where those owls sat.

An arena of yellow eyes
Watched the changing shape he cut,
Saw hoof harden from foot, saw sprout
Goat-horns. Marked how god rose
And galloped woodward in that guise.

Faun

Er uhute, mit Hüften wie ein Faun,
Aus dem Gehölz, mondglitzernd und sumpfkalt,
Bis alle Eulen im zweigwirren Wald
Schwarz aufflatterten, um um sich zu schauen
Und über den Ruf dieses Mannes zu sinnen.

Kein Laut, außer von trunkenen Rallen,
Die am Flussufer entlang nach Hause schlingern.
Die Sterne wasserversunken, dass Ränge
Von doppelten Sternenaugen erhellen
Die Äste jener dort sitzenden Eulen.

Eine Arena von Augen, gelb,
Beobachtete seine wechselnden Formen,
Sah den Huf aus dem Fuß sich härten, sah Ziegen-
Hörner sprießen. Nahm wahr, wie er erstand, gen Wald
Galoppierte in dieser Gott-Gestalt.

Departure

The figs on the fig tree in the yard are green;
Green, also, the grapes on the green vine
Shading the brickred porch tiles.
The money's run out.

How nature, sensing this, compounds her bitters.
Ungifted, ungrieved, our leavetaking.
The sun shines on unripe corn.
Cats play in the stalks.

Retrospect shall not soften such penury –
Sun's brass, the moon's steely patinas,
The leaden slag of the world –
But always expose

The scraggy rock spit shielding the town's blue bay
Against which the brunt of outer sea
Beats, is brutal endlessly.
Gull-fouled, a stone hut

Bares its low lintel to corroding weathers:
Across the jut of ochreous rock
Goats shamble, morose, rank-haired,
To lick the sea-salt.

Abreise

Die Feigen am Feigenbaum im Hof sind grün; grün auch
Die Trauben am grünen Wein, Schattenspender
Ziegelroter Verandafliesen.
Vom Geld ist nichts mehr übrig.

Wie Natur, dies spürend, ihre Bitterkeiten mischt.
Unbegabt, unbetrauert unser Abschied.
Die Sonne scheint auf unreifen Mais.
Katzen spielen im Gestrüpp.

Aber Rückschau soll solche Knappheit nicht abmildern –
Der Sonne Messing, des Monds Stahlpatina,
Die bleifarbene Schlacke der Welt –,
Sondern stets die gezackte

Steinzunge zeigen, den Schutzschild der blauen Stadtbucht,
Gegen die die volle Wucht des offenen
Meeres schlägt, unendlich brutal ist.
Möwenverdreckt gibt ein Haus

Den niedrigen Türsturz zersetzendem Wetter preis.
Über den Vorsprung ockergelber Felsen
Trotten Ziegen, verdrießlich, verfilzt,
Um das Meersalz zu lecken.

The Colossus

I shall never get you put together entirely,
Pieced, glued, and properly jointed.
Mule-bray, pig-grunt and bawdy cackles
Proceed from your great lips.
It's worse than a barnyard.

Perhaps you consider yourself an oracle,
Mouthpiece of the dead, or of some god or other.
Thirty years now I have laboured
To dredge the silt from your throat.
I am none the wiser.

Scaling little ladders with gluepots and pails of lysol
I crawl like an ant in mourning
Over the weedy acres of your brow
To mend the immense skull-plates and clear
The bald, white tumuli of your eyes.

A blue sky out of the Oresteia
Arches above us. O father, all by yourself
You are pithy and historical as the Roman Forum.
I open my lunch on a hill of black cypress.
Your fluted bones and acanthine hair are littered

In their old anarchy to the horizon-line.
It would take more than a lightning-stroke
To create such a ruin.
Nights, I squat in the cornucopia
Of your left ear, out of the wind,

Counting the red stars and those of plum-colour.
The sun rises under the pillar of your tongue.

Der Koloss

Ich werde dich nie ganz zusammengesetzt kriegen,
Gestückelt, geklebt und exakt verbunden.
Maultier-Geschrei, Schweinegrunzen und schlüpfriges Gackern
Entspringen deinen großen Lippen.
Es ist schlimmer als ein Bauernhof.

Vielleicht hältst du dich für ein Orakel,
Sprachrohr der Toten oder des einen oder anderen Gottes.
Dreißig Jahre hab ich nun geschuftet,
Um den Schlick aus deiner Kehle zu baggern.
Ich bin kein bisschen klüger.

Ich erklimme kleine Leitern mit Leimtöpfen und Eimern voll Lysol,
Krabbele wie eine Ameise in Trauer
Über die verkrauteten Äcker deiner Stirn,
Um die gewaltigen Schädelplatten zu flicken und Ordnung zu schaffen
Auf den kahlen, weißen Grabhügeln deiner Augen.

Ein blauer Himmel aus der Orestie
Wölbt sich über uns. O Vater, ganz aus dir selbst
Bist du markant und historisch wie das Forum Romanum.
Ich öffne mein Mittag auf einem Hügel mit schwarzen Zypressen.
Deine geriffelten Knochen, akanthischen Haare liegen verstreut

In ihrer alten Anarchie bis zum Horizont.
Es würde mehr brauchen als einen Blitzschlag,
Um solch eine Zerstörung zu schaffen.
Nachts kauere ich im Füllhorn
Deines linken Ohrs, geschützt vorm Wind,

Zähle die roten Sterne und jene pflaumenfarbenen.
Die Sonne geht auf unter dem Pfeiler deiner Zunge.

My hours are married to shadow.
No longer do I listen for the scrape of a keel
On the blank stones of the landing.

Meine Stunden sind dem Schatten vermählt.
Nicht länger lausche ich auf das Kratzen eines Kiels
Auf den blanken Steinen der Anlegestelle.

Lorelei

It is no night to drown in:
A full moon, river lapsing
Black beneath bland mirror-sheen,

The blue water-mists dropping
Scrim after scrim like fishnets
Though fishermen are sleeping,

The massive castle turrets
Doubling themselves in a glass
All stillness. Yet these shapes float

Up towards me, troubling the face
Of quiet. From the nadir
They rise, their limbs ponderous

With richness, hair heavier
Than sculpted marble. They sing
Of a world more full and clear

Than can be. Sisters, your song
Bears a burden too weighty
For the whorled ear's listening

Here, in a well-steered country,
Under a balanced ruler.
Deranging by harmony

Beyond the mundane order,
Your voices lay siege. You lodge
On the pitched reefs of nightmare,

Lorelei

Eine Nacht zum Ertrinken ist es nicht:
Vollmond, der Fluss fällt ab in Schwärze
Unter dem milden Spiegel-Licht,

Es senken sich Gaze für Gaze
Die blauen Wassernebel gleich Netzen,
Obschon die Fischer schlafen,

Die wuchtigen Burgtürme verdoppeln
Sich in einem Glas, ganz
Stille. Dennoch treiben diese Formen

Zu mir herauf, stören das Antlitz
Der Ruhe. Sie steigen vom Nadir
Auf, die Glieder vor Opulenz

Gewichtig, das Haar schwerer
Als behauener Marmor. Sie singen
Von einer Welt voller und klarer

Als möglich. Schwestern, euer Gesang
Trägt eine Last, dem Lauschen
Des gewundenen Ohres zu bang,

Hier, unter maßvollen Herrschern
In einem Land, wohlregiert.
Verwirrend jenseits der irdischen

Ordnung durch Harmonie,
Sind eure Stimmen ein Belagern,
Die stürzenden Felsen des Alptraums euer Logis,

Promising sure harbourage;
By day, descant from borders
Of hebetude, from the ledge

Also of high windows. Worse
Even than your maddening
Song, your silence. At the source

Of your ice-hearted calling –
Drunkenness of the great depths.
O river, I see drifting

Deep in your flux of silver
Those great goddesses of peace.
Stone, stone, ferry me down there.

Ihr versprecht einen sicheren Hafen;
Bei Tag, Diskant von den Grenzen
Des Stumpfsinns, auch von

Hoher Fenster Kanten.
Schlimmer als euer irremachendes
Lied noch: eure Stille. An den Quellen

Eures eisherzigen Lockens –
Trunkenheit der großen Tiefen.
Ich entdecke, o Fluss,

Tief in deinem Silberfließen
Jene großen Göttinnen des Friedens.
Stein, Stein, schiffe mich dort nieder.

Point Shirley

From Water-Tower Hill to the brick prison
The shingle booms, bickering under
The sea's collapse.
Snowcakes break and welter. This year
The gritted wave leaps
The seawall and drops onto a bier
Of quahog chips,
Leaving a salty mash of ice to whiten

In my grandmother's sand yard. She is dead,
Whose laundry snapped and froze here, who
Kept house against
What the sluttish, rutted sea could do.
Squall waves once danced
Ship timbers in through the cellar window;
A thresh-tailed, lanced
Shark littered in the geranium bed –

Such collusion of mulish elements
She wore her broom straws to the nub.
Twenty years out
Of her hand, the house still hugs in each drab
Stucco socket
The purple egg-stones: from Great Head's knob
To the filled-in Gut
The sea in its cold gizzard ground those rounds.

Point Shirley

Vom Water-Tower Hill bis zum Backsteingefängnis
Dröhnt der Kiesstrand, zuckend unter
Den Seeanfällen.
Schneeklumpen brechen und wogen. Dieses Jahr
Springt die sandige Welle
Über den Deich und fällt auf die Bahre
Aus Venusmuschel-Geröll,
Hinterlässt einen salzigen Brei aus Eis,

Der weiß wird im Sandhof meiner Großmutter. Sie ist tot,
Deren Wäsche hier knatterte und vor Frost starrte,
Die haushielt gegen das,
Was die schlampige, brünstige See vermochte.
Sturmwellen ließen einst
Schiffsholz hereintanzen durch die Kellerluke;
Ein prügelschwänziger Hai, aufgespießt,
Verunreinigte das Geranienbeet –

Bei solch Verschwörung störrischer Elemente
Nutzte sie ihre Strohbesen ab bis zum Geht-nicht-mehr.
Zwanzig Jahre ist sie weg,
Doch umklammert das Haus noch immer in jeder
Düsteren Höhle im Stuck
Die purpurnen Eiersteine: Von der Beule des Great Head
Bis zum angefüllten Gut*
Schliff die See sie in ihrem kalten Kaumagen rund.

* Im Original ein Eigenname, der hier auch aufgrund der Halbreimstruktur beibehalten wurde, engl. *gut* = dt. *Darm*, korrespondierend mit dem *Great Head*. Anm. d. Ü.

Nobody wintering now behind
The planked-up windows where she set
Her wheat loaves
And apple cakes to cool. What is it
Survives, grieves
So, over this battered, obstinate spit
Of gravel? The waves'
Spewed relics clicker masses in the wind,

Grey waves the stub-necked eiders ride.
A labour of love, and that labour lost.
Steadily the sea
East at Point Shirley. She died blessed,
And I come by
Bones, bones only, pawed and tossed,
A dog-faced sea.
The sun sinks under Boston, bloody red.

I would get from these dry-papped stones
The milk your love instilled in them.
The black ducks dive.
And though your graciousness might stream,
And I contrive,
Grandmother, stones are nothing of home
To that spumiest dove.
Against both bar and tower the black sea runs.

Niemand überwintert nun hinter
Den vernagelten Fenstern, wo sie Weizenbrote
Und Apfelkuchen
Zum Abkühlen hinlegte.
Was überlebte, so trauernd
Über die zerschlagene, starrsinnige Landspitze
Aus Kies? Der Wellen
Ausgespiene Relikte klickern Messen im Wind;

Graue Wogen, auf denen stummelhalsige Eiderenten gleiten.
Verlorene Müh', dieser Liebesdienst.
Stetig die See
Im Osten bei Point Shirley. Sie starb gesegnet,
Ich komme vorbei
An Knochen, nur Knochen, aufgescharrt, weggeschleudert,
Eine hundegesichtige See.
Die Sonne sinkt blutrot hinter Boston.

Ich würde aus diesen trockenen Steinzitzen
Die Milch saugen, die deine Liebe ihnen eingab.
Die schwarzen Enten tauchen.
Und obwohl deine Gnade strömen mag,
Und ich es glauben,
Großmutter, ist ein Stein nichts, das etwas von einem Zuhause hat
Für diese schaumigste aller Tauben.
Gegen Sandbank wie Turm rennt die schwarze See an.

The Bull of Bendylaw

The black bull bellowed before the sea.
The sea, till that day orderly,
Hove up against Bendylaw.

The queen in the mulberry arbour stared
Stiff as a queen on a playing card.
The king fingered his beard.

A blue sea, four horny bull-feet,
A bull-snouted sea that wouldn't stay put,
Bucked at the garden gate.

Along box-lined walks in the florid sun
Towards the rowdy bellow and back again
The lords and ladies ran.

The great bronze gate began to crack,
The sea broke in at every crack,
Pellmell, blueblack.

The bull surged up, the bull surged down,
Not to be stayed by a daisy chain
Nor by any learned man.

O the king's tidy acre is under the sea,
And the royal rose in the bull's belly,
And the bull on the king's highway.

Der Bulle von Bendylaw

Der schwarze Bulle brüllte auf vor dem Meer.
Das Meer, das bis zu diesem Tag friedlich war,
Erhob sich gegen Bendylaw.

Die Königin in der Maulbeerlaube starrte
Steif wie eine Königin auf einer Spielkarte.
Der König befingerte seinen Bart.

Das blaue Meer, vier Bullenhufe, verhornt,
Ein Bullenschnauzenmeer, das nicht an seinem Ort
Bleiben wollte, bockte am Gartentor.

Im Sonnenrot, auf logengesäumten Wegen,
Drauf zu und wieder weg vor dem rohen Brüllen
Sah man die Lords und Ladys rennen.

Das große Bronzetor fing an zu bersten,
Das Meer brach herein, durch jeden Riss sich pressend,
Holterdiepolter, in blauer Schwärze.

Der Bulle warf sich auf, warf sich nach unten,
Nicht aufzuhalten von Blumenketten
Noch irgendeinem Gelehrten.

O, das schmucke Land des Königs ist unterm Wasser
Und im Bullenbauch die königliche Rose
Und der Bulle auf des Königs Straße.

All the Dead Dears

In the Archaeological Museum in Cambridge is a stone coffin of the fourth century AD *containing the skeletons of a woman, a mouse and a shrew. The ankle-bone of the woman has been slightly gnawn.*

Rigged poker-stiff on her back
With a granite grin
This antique museum-cased lady
Lies, companioned by the gimcrack
Relics of a mouse and a shrew
That battened for a day on her ankle-bone.

These three, unmasked now, bear
Dry witness
To the gross eating game
We'd wink at if we didn't hear
Stars grinding, crumb by crumb,
Our own grist down to its bony face.

How they grip us through thin and thick,
These barnacle dead!
This lady here's no kin
Of mine, yet kin she is: she'll suck
Blood and whistle my marrow clean
To prove it. As I think now of her head,

From the mercury-backed glass
Mother, grandmother, greatgrandmother
Reach hag hands to haul me in,
And an image looms under the fishpond surface
Where the daft father went down
With orange duck-feet winnowing his hair –

All die lieben Toten

Im Archäologischen Museum in Cambridge befindet sich ein Steinsarg aus dem vierten Jahrhundert n. Chr., der die Skelette einer Frau, einer Maus und einer Spitzmaus enthält. Der Fußknöchel der Frau ist leicht angenagt.

Hergerichtet liegt auf ihrem Rücken
Mit einem Granitgrinsen und steif wie ein Schürhaken
Diese antike Museumsdame,
In Gesellschaft von nichtigen Stücken
Einer Maus und einer Spitzmaus, die sich ein paar Tage
An ihrem Fußknöchel gütlich taten.

Diese drei, entlarvt nun, legen
Ein trockenes Zeugnis
Ab vom grausen Spiel des Fressens,
Bei dem wir abwinkten, wenn wir nicht hörten,
Wie Sterne Krümel für Krümel unsere eigene Substanz
Abschleifen bis auf ihr knochiges Antlitz.

Wie sie nach uns greifen durch dünn und dick,
Diese Toten-Kletten!
Diese Dame hier, zu meiner Familie gehört
Sie nicht, doch ist sie verwandt: das Mark
Wird sie mir herauspfeifen, aussaugen das Blut
Zum Beweis. Ich brauche nur an ihren Kopf zu denken,

Schon reichen mir durchs quecksilberbeschichtete Glas
Mutter, Großmutter, Urgroßmutter,
Um mich hineinzuziehen, die Hand,
Und ein Bild erscheint unter der Oberfläche des Fischteichs,
wo der blöde Vater versank,
Mit orangenen Entenfüßen, Haarsortierer –

All the long gone darlings: they
Get back, though, soon,
Soon: be it by wakes, weddings,
Childbirths or a family barbecue:
Any touch, taste, tang's
Fit for those outlaws to ride home on,

And to sanctuary: usurping the armchair
Between tick
And tack of the clock, until we go,
Each skulled-and-crossboned Gulliver
Riddled with ghosts, to lie
Deadlocked with them, taking root as cradles rock.

All die lang dahingegangenen Lieben: sie
Kehren trotz allem zurück, beizeiten,
Recht bald: sei es bei Hochzeit, Totenwache,
Geburt oder einem Familien-Barbecue:
Jede Berührung, alle Geschmäcker, Gerüche
Passen diesen Gesetzlosen, darauf heimwärts zu reiten,

Und in ihr Heiligtum: wo sie den Sessel
Zwischen Ticken und Tacken
Der Uhr usurpieren, bis wir gehen,
Jeder Gulliver mit gekreuzten Knochen und Totenschädel,
Durchsetzt mit Geistern, um mit ihnen
Im Patt zu liegen, Wurzeln schlagend, während Wiegen schaukeln.

Aftermath

Compelled by calamity's magnet
They loiter and stare as if the house
Burnt-out were theirs, or as if they thought
Some scandal might any minute ooze
From a smoke-choked closet into light;
No deaths, no prodigious injuries
Glut these hunters after an old meat,
Blood-spoor of the austere tragedies.

Mother Medea in a green smock
Moves humbly as any housewife through
Her ruined apartments, taking stock
Of charred shoes, the sodden upholstery:
Cheated of the pyre and the rack,
The crowd sucks her last tear and turns away.

Nachspiel

Sie lungern, gefangen vom Unglücksmagneten,
Herum und starren, als ob das ausgebrannte
Haus ihres wäre oder als ob sie glaubten,
Irgendein Skandal könnte nun jede Sekunde
Ans Licht sickern aus einer der rauchverseuchten
Kammern; keine Tode, keine Wahnsinnswunde
Übersättigen die Jäger nach dem alten
Fleisch, jener Blutspur der bitteren Tragödie.

Mutter Medea, in grünem Kittel, geht nur
Bescheiden wie irgendeine Hausfrau herum
In ihren zerstörten Räumen, macht Inventur
Von durchnässten Polstern und verkohlten Schuhen:
Betrogen um den Scheiterhaufen, die Tortur,
Saugt die Menge ihre letzte Träne und kehrt um.

The Thin People

They are always with us, the thin people
Meagre of dimension as the grey people

On a movie-screen. They
Are unreal, we say:

It was only in a movie, it was only
In a war making evil headlines when we

Were small that they famished and
Grew so lean and would not round

Out their stalky limbs again though peace
Plumped the bellies of the mice

Under the meanest table.
It was during the long hunger-battle

They found their talent to persevere
In thinness, to come, later,

Into our bad dreams, their menace
Not guns, not abuses,

But a thin silence.
Wrapped in flea-ridden donkey skins,

Empty of complaint, forever
Drinking vinegar from tin cups: they wore

The insufferable nimbus of the lot-drawn
Scapegoat. But so thin,

Die dünnen Leute

Sie sind immer bei uns, die dünnen Leute,
Von dürftigem Ausmaß wie die grauen Leute

Auf einer Kinoleinwand. Sie
Sind unwirklich, wie

Wir sagen: es war nur ein Film, es war nur
Ein Krieg, der böse Schlagzeilen machte, als wir

Klein waren, wo sie verhungerten und
So mager wurden und nie mehr rund

Ihre staksigen Gliedmaßen, obschon der Frieden
Die Bäuche der Mäuse auch unter niederen

Tischen prall machte.
Es war während der langen Hungerschlacht,

Dass sie ihr Talent entdeckten zum Ausdauern
In Dünnheit, um später aufzutauchen

In unseren schlechten Träumen, ihre Drohung
Keine Waffen, keine Misshandlung,

Sondern eine dünne Stille.
In fliegengeplagter Eselshauthülle,

Für immer, ohne Klagen,
Essig trinkend aus Blechtassen: sie trugen

Den unerträglichen Nimbus des durch Los
Bestimmten Sündenbocks. Doch ein so dünnes,

So weedy a race could not remain in dreams,
Could not remain outlandish victims

In the contracted country of the head
Any more than the old woman in her mud hut could

Keep from cutting fat meat
Out of the side of the generous moon when it

Set foot nightly in her yard
Until her knife had pared

The moon to a rind of little light.
Now the thin people do not obliterate

Themselves as the dawn
Greyness blues, reddens, and the outline

Of the world comes clear and fills with colour.
They persist in the sunlit room: the wallpaper

Frieze of cabbage-roses and cornflowers pales
Under their thin-lipped smiles,

Their withering kingship.
How they prop each other up!

We own no wilderness rich and deep enough
For stronghold against their stiff

Battalions. See, how the tree boles flatten
And lose their good browns

If the thin people simply stand in the forest,
Making the world go thin as a wasps' nest

And greyer; not even moving their bones.

So schmächtiges Geschlecht konnte nicht das fremde Opfer
Bleiben im verengten Land des Kopfes,

Konnte nicht in den Träumen bleiben,
Nicht mehr als in der Lehmhütte das alte Weib

Aufhören konnte, fettes Fleisch aus den Seiten
Des großzügigen Mondes zu schneiden,

Wenn er allnächtlich ihren Hof betrat,
Bis ihr Messer hatte ausgeschabt

Den Mond zu einer Rinde von wenig Licht.
Nun löschen die dünnen Leute sich nicht

Aus, wenn das Morgendämmer-
Grau blaut, sich rötet, die Kontur

Der Welt hervortritt und sich füllt mit Farben.
Sie bleiben im sonnigen Zimmer: der Tapeten-

Fries aus Kohlrosetten und Kornblumen verblasst
Unter ihrem Königtum, das verdorren lässt,

Ihrem schmallippigen Lächeln.
Wie sie einander beistehen!

Wir haben keine Wildnis, deren Fülle und Tiefen
Reichten für ein Bollwerk gegen ihre steifen

Bataillone. Sieh, wie die Baumstämme sich abflachen,
Sieh sie ihr gutes Braun verlieren,

Wenn die dünnen Leute einfach dort stehen im Wald:
Dünn wie ein Wespennest machen sie dann die Welt,

Und grauer, ohne ihre Knochen zu rühren.

Suicide Off Egg Rock

Behind him the hotdogs split and drizzled
On the public grills, and the ochreous salt flats,
Gas tanks, factory stacks – that landscape
Of imperfections his bowels were part of –
Rippled and pulsed in the glassy updraught.
Sun struck the water like a damnation.
No pit of shadow to crawl into,
And his blood beating the old tattoo
I am, I am, I am. Children
Were squealing where combers broke and the spindrift
Ravelled wind-ripped from the crest of the wave,
A mongrel working his legs to a gallop
Hustled a gull flock to flap off the sandspit.

He smouldered, as if stone-deaf, blindfold,
His body beached with the sea's garbage,
A machine to breathe and beat forever.
Flies filing in through a dead skate's eyehole
Buzzed and assailed the vaulted brainchamber.
The words in his book wormed off the pages.
Everything glittered like blank paper.

Everything shrank in the sun's corrosive
Ray but Egg Rock on the blue wastage.
He heard when he walked into the water

The forgetful surf creaming on those ledges.

Selbstmord am Egg Rock

Hinter ihm platzten die Hotdogs auf und tropften
Auf die öffentlichen Grills, und die ockergelben Salzpfannen,
Benzintanks, Fabrikschlote – diese Landschaft
Aus Unvollkommenheiten, zu denen seine Eingeweide zählten –
Kräuselten sich und pulsierten in einem glasigen Aufwind.
Sonne traf das Wasser gleich einer Verdammung.
Keine Schattengrube zum Hineinkriechen,
Und sein Blut trommelte das alte Signal
Ich bin, ich bin, ich bin. Kinder
Kreischten, wo Sturzwellen sich brachen und die Gischt
Sich windzerrissen vom Kamm der Welle räufelte.
Eine Promenadenmischung im Galopp
Scheuchte einen Möwenschwarm von der Sandbank auf.

Er glühte, wie stocktaub, erblindet,
Sein Körper strandete mit dem Müll des Meers,
Eine Maschine, die für immer atmet und schlägt.
Fliegen, sich durch die Augenhöhle eines toten Rochens fädelnd,
Summten und bestürmten die überwölbte Gehirnkammer.
Die Wörter in seinem Buch schlängelten sich von den Seiten.
Alles gleißte wie leeres Papier.

Alles schrumpfte unter dem zersetzenden Strahl
Der Sonne, außer Egg Rock auf der blauen Verschwendung.
Er hörte, als er ins Wasser ging,

Die achtlose Brandung an jenen Felskanten schäumen.

Mushrooms

Overnight, very
Whitely, discreetly,
Very quietly

Our toes, our noses
Take hold on the loam,
Acquire the air.

Nobody sees us,
Stops us, betrays us;
The small grains make room.

Soft fists insist on
Heaving the needles,
The leafy bedding,

Even the paving.
Our hammers, our rams,
Earless and eyeless,

Perfectly voiceless,
Widen the crannies,
Shoulder through holes. We

Diet on water,
On crumbs of shadow,
Bland-mannered, asking

Little or nothing.
So many of us!
So many of us!

Pilze

Über Nacht, sehr
Weiß und sacht,
Sehr leise

Erfassen unsere Zehen,
Unsere Nasen den Lehm,
Erlangen die Luft.

Niemand sieht uns,
Wehrt uns, verrät uns;
Die kleinen Körnchen schaffen Raum.

Weiche Fäuste lassen nicht nach,
Die Nadeln zu heben,
Das blättrige Polster,

Sogar das Pflaster.
Unsere Hämmer, unsere Rammen,
Ohrlos und augenlos,

Vollkommen sprachlos,
Weiten die Spalten,
Schieben Schultern durch Löcher. Wir

Begnügen uns mit Wasser,
Mit Krümeln von Schatten,
Mildgeartet, verlangen

Wir wenig oder nichts.
So viele von uns!
So viele von uns!

We are shelves, we are
Tables, we are meek,
We are edible,

Nudgers and shovers
In spite of ourselves.
Our kind multiplies:

We shall by morning
Inherit the earth.
Our foot's in the door.

Wir sind Borde, wir sind
Tische, wir sind sanftmütig,
Wir sind essbar,

Schubser und Drängler,
Unwillentlich.
Unsere Art mehrt sich:

Wir werden am Morgen
Das Erdreich besitzen.
Unser Fuß ist in der Tür.

I Want, I Want

Open-mouthed, the baby god
Immense, bald, though baby-headed,
Cried out for the mother's dug.
The dry volcanoes cracked and spit,

Sand abraded the milkless lip.
Cried then for the father's blood
Who set wasp, wolf and shark to work,
Engineered the gannet's beak.

Dry-eyed, the inveterate patriarch
Raised his men of skin and bone,
Barbs on the crown of gilded wire,
Thorns on the bloody rose-stem.

Ich will, ich will

Offenen Mundes schrie der Baby-Gott,
Gewaltig, kahl, obschon babyköpfig,
Nach der Mutter Zitze. Die trockenen
Vulkane zerbarsten und spuckten,

Sand schürfte die milchlose Lippe auf.
Schrie sodann nach des Vaters Blut,
Der Wespe, Wolf und Hai in Gang setzte,
Den Schnabel des Tölpels entwarf.

Trockenen Auges zog der Erz-Patriarch
Seine Menschen aus Haut und Knochen auf,
Stacheln auf der Krone aus vergoldetem Draht,
Dornen am blutigen Rosenstiel.

Watercolour of Grantchester Meadows

There, spring lambs jam the sheepfold. In air
Stilled, silvered as water in a glass
Nothing is big or far.
The small shrew chitters from its wilderness
Of grassheads and is heard.
Each thumb-size bird
Flits nimble-winged in thickets, and of good colour.

Cloudrack and owl-hollowed willows slanting over
The bland Granta double their white and green
World under the sheer water
And ride that flux at anchor, upside down.
The punter sinks his pole.
In Byron's pool
Cat-tails part where the tame cygnets steer.

It is a country on a nursery plate.
Spotted cows revolve their jaws and crop
Red clover or gnaw beetroot
Bellied on a nimbus of sun-glazed buttercup.
Hedging meadows of benign
Arcadian green
The blood-berried hawthorn hides its spines with white.

Droll, vegetarian, the water rat
Saws down a reed and swims from his limber grove,
While the students stroll or sit,
Hands laced, in a moony indolence of love –
Black-gowned, but unaware
How in such mild air
The owl shall stoop from his turret, the rat cry out.

Aquarell von Grantchester Meadows

Dort überfüllen Frühlingslämmer die Hürden.
In stiller Luft, versilbert wie Wasser im Glas,
Ist nichts groß oder fern.
Die kleine Spitzmaus zirpt aus ihrer Wildnis
Von Grasköpfen und wird gehört.
Jeder daumengroße Vogel schwirrt
Flinkflügelig in Dickichte und in frischen Farben.

Ziehende Wolken und eulenhöhlige Weiden neigen
Sich über den sanften Granta, verdoppeln unter
Dem reinen Wasser ihre weiße und grüne Welt und legen
Dieses Fließen kopfüber vor Anker.
Der Kahnfahrer taucht seine Stake ein.
Im Byron-Teich teilen
Rohrkolben sich, wo zahme Schwäne ihrem Kurs folgen.

Es ist ein Land wie auf Kindergartentellern.
Gefleckte Kühe lassen ihre Kiefer malmen,
Fressen roten Klee oder Rote Beete, schwellenden
Bauches auf einem Nimbus sonnenglasierter Butterblumen.
Wiesen säumend von gütigem
Arkadischem Grün,
Verbirgt der blutbeerige Hagedorn mit Weiß seine Stacheln.

Drollig, vegetarisch schneiden Wasserratten
Schilfrohr ab und schwimmen aus ihrem biegsamen Wald,
Während die Studenten sitzen oder spazieren,
Hände verschlungen, in verträumter Liebesträgheit –
In schwarzen Roben, doch nicht sich bewusst,
Wie in solch milder Luft
Die Eule vom Turm herabstoßen soll, die Ratte aufquieken.

The Ghost's Leavetaking

Enter the chilly no-man's land of about
Five o'clock in the morning, the no-colour void
Where the waking head rubbishes out the draggled lot
Of sulphurous dreamscapes and obscure lunar conundrums
Which seemed, when dreamed, to mean so profoundly much,

Gets ready to face the ready-made creation
Of chairs and bureaus and sleep-twisted sheets.
This is the kingdom of the fading apparition,
The oracular ghost who dwindles on pin-legs
To a knot of laundry, with a classic bunch of sheets

Upraised, as a hand, emblematic of farewell.
At this joint between two worlds and two entirely
Incompatible modes of time, the raw material
Of our meat-and-potato thoughts assumes the nimbus
Of ambrosial revelation. And so departs.

Chair and bureau are the hieroglyphs
Of some godly utterance wakened heads ignore:
So these posed sheets, before they thin to nothing,
Speak in sign language of a lost otherworld,
A world we lose by merely waking up.

Trailing its telltale tatters only at the outermost
Fringe of mundane vision, this ghost goes
Hand aloft, goodbye, goodbye, not down
Into the rocky gizzard of the earth,
But towards a region where our thick atmosphere

Diminishes, and God knows what is there.
A point of exclamation marks that sky

Des Geistes Abschied

Auftritt das frostige Niemandsland von ungefähr
Fünf Uhr morgens, die Nicht-Farben-Leere,
In der der erwachende Kopf das besudelte Los
Höllischer Traumlandschaften und dunkler lunarer Rätsel zerreißt,
Die beim Träumen so abgrundtief viel zu bedeuten schienen,

Sich bereit macht, der bereitliegenden Schöpfung
Aus Stühlen und Schreibtischen und schlafverdrehten Laken zu begegnen.
Dies ist das Königreich der verblassenden Erscheinung,
Des orakelhaften Geistes, der auf Nadelbeinchen einschrumpft
Zu einem Wäscheknoten, ein klassisches Bündel von Laken

Emporragend als eine Hand, symbolisches Lebewohl.
In dieser Fuge zwischen zwei Welten und zwei gänzlich
Unvereinbaren Formen von Zeit nimmt das rohe Material
Unserer Fleisch-und-Kartoffel-Gedanken den Nimbus
Ambrosischer Offenbarung an. Und so entweicht es.

Stuhl und Schreibtisch sind die Hieroglyphen
Irgendeiner göttlichen Äußerung, die wache Köpfe missachten:
So sprechen diese gestellten Laken, bevor sie zusammenfallen zu nichts,
In Zeichensprache von einer verlorenen Anderwelt,
Einer Welt, die wir verlieren durch Erwachen bloß.

Seine verräterischen Fetzen nur am äußersten Rand
Alltäglicher Sicht hinter sich herziehend, geht dieser Geist
Mit erhobener Hand, macht's gut, macht's gut, nicht hinab
In den steinigen Kaumagen der Erde,
Sondern in eine Region, in der unsere dicke Atmosphäre

Abnimmt, und Gott weiß, was dort ist.
Ein Zeichen des Ausrufs markiert jenen Himmel

In ringing orange like a stellar carrot.
Its round period, displaced and green,
Suspends beside it the first point, the starting

Point of Eden, next the new moon's curve.
Go, ghost of our mother and father, ghost of us,
And ghost of our dreams' children, in those sheets
Which signify our origin and end,
To the cloud-cuckoo land of colour wheels

And pristine alphabets and cows that moo
And moo as they jump over moons as new
As that crisp cusp toward which you voyage now,
Hail and farewell. Hello, goodbye. O keeper
Of the profane grail, the dreaming skull.

In knalligem Orange wie eine stellare Karotte.
Sein runder Punkt, verschoben und grün,
Hebt neben sich den ersten Punkt auf, den Ausgangspunkt

Von Eden, nächst dem Bogen des Neumonds.
Geh, Geist unserer Mutter und unseres Vaters, Geist unserer selbst
Und Geist unserer Traumeskinder, in jenen Laken,
Die unseren Ursprung und unser Ende kennzeichnen,
Zu dem Wolkenkuckucksheim der Farbkreise

Und unverfälschten Alphabete und Kühe, die muhen
Und muhen, wenn sie über Monde springen so neu
Wie jene knackige Zacke, zu der du jetzt reist,
Sei gegrüßt und leb wohl. Hallo, mach's gut. O Hüter
Des profanen Grals, des träumenden Schädels.

Metaphors

I'm a riddle in nine syllables,
An elephant, a ponderous house,
A melon strolling on two tendrils.
O red fruit, ivory, fine timbers!
This loaf's big with its yeasty rising.
Money's new-minted in this fat purse.
I'm a means, a stage, a cow in calf.
I've eaten a bag of green apples,
Boarded the train there's no getting off.

Metaphern

Ich bin ein Rätsel in neun Silben,
Ein Elefant, ein massiges Haus,
Melone wandelnd auf zwei Ranken.
O Rotfrucht, Elfenbein, feines Holz!
Ein Laib groß vor hefigem Aufgehn.
Dicke Börse, drin Geld frisch geprägt.
Bin ein Mittel, Stadium, Kuh mit Kalb.
Ich aß einen Sack grüner Äpfel,
Stieg in den Zug, es gibt kein Zurück.

Black Rook in Rainy Weather

On the stiff twig up there
Hunches a wet black rook
Arranging and rearranging its feathers in the rain.
I do not expect miracle
Or an accident

To set the sight on fire
In my eye, nor seek
Any more in the desultory weather some design,
But let spotted leaves fall as they fall,
Without ceremony, or portent.

Although, I admit, I desire,
Occasionally, some backtalk
From the mute sky, I can't honestly complain:
A certain minor light may still
Leap incandescent

Out of kitchen table or chair
As if a celestial burning took
Possession of the most obtuse objects now and then –
Thus hallowing an interval
Otherwise inconsequent

By bestowing largesse, honour,
One might say love. At any rate, I now walk
Wary (for it could happen
Even in this dull, ruinous landscape); sceptical,
Yet politic; ignorant

Of whatever angel may choose to flare
Suddenly at my elbow. I only know that a rook

Schwarze Krähe bei regnerischem Wetter

Auf dem steifen Zweig dort oben
Hockt eine nasse schwarze Krähe,
Ordnet wieder und wieder ihre Federn im Regen.
Ich erwarte kein Wunder
Oder einen Zufall,

Der den Anblick auflodern
Ließe in meinem Auge, noch suche
Ich mehr in dem wahllosen Wetter nach irgendeinem Plan,
Sondern lasse sie fallen, wie sie fallen, die gefleckten Blätter,
Ohne böses Omen und Ritual.

Obwohl, wie ich zugebe, ich mir bisweilen
Ein wenig Widerrede ersehne
Vom stummen Himmel, kann ich mich eigentlich nicht beschweren:
Es könnte immer noch ein gewisses Licht, geringer,
Aus dem Küchentisch oder Stuhl

Glühend hervorspringen,
Als ob mitunter eine himmlische Flamme
Besitz ergriffe von den stumpfesten Gegenständen –
Solcherart einen Zwischenraum heiligend, der
Nicht folgerichtig wäre in jedem anderen Fall,

Durch Bescherung mit Großzügigkeit und Ehren,
Man könnte sagen, Liebe. Jedenfalls gehe
Ich nun wachsam umher (denn es könnte selbst in dieser öden,
Verfallenen Landschaft passieren); unsicher,
Doch politisch; nicht wissend, welchem Engel

Auch immer es belieben mag, plötzlich an meinem Ellbogen
Aufzuflackern. Ich weiß nur, dass eine Krähe,

Ordering its black feathers can so shine
As to seize my senses, haul
My eyelids up, and grant

A brief respite from fear
Of total neutrality. With luck,
Trekking stubborn through this season
Of fatigue, I shall
Patch together a content

Of sorts. Miracles occur,
If you care to call those spasmodic
Tricks of radiance miracles. The wait's begun again,
The long wait for the angel,
For that rare, random descent.

Die ihre schwarzen Federn richtet, so glänzen kann,
Dass es meine Sinne ergreift, meine Lider
Hochreißt, um mir auf einmal

Einen kurzen Aufschub zu gönnen
Von der Angst vor totaler Neutralität. Ich werde
Mit etwas Glück schon, wenn ich durch diese Zeiten
Der Müdigkeit ziehe, stur,
So etwas wie einen Inhalt

Zusammenflicken. Wunder geschehen,
Wenn man geneigt ist, diese krampfartige
Strahlentrickserei Wunder zu nennen. Das Warten hat wieder begonnen,
Das lange Warten auf den Engel, hernieder-
Kommend, diesen seltenen Zufall.

A Winter Ship

At this wharf there are no grand landings to speak of.
Red and orange barges list and blister
Shackled to the dock, outmoded, gaudy,
And apparently indestructible.
The sea pulses under a skin of oil.

A gull holds his pose on a shanty ridgepole,
Riding the tide of the wind, steady
As wood and formal, in a jacket of ashes,
The whole flat harbour anchored in
The round of his yellow eye-button.

A blimp swims up like a day-moon or tin
Cigar over his rink of fishes.
The prospect is dull as an old etching.
They are unloading three barrels of little crabs.
The pier pilings seem about to collapse

And with them that rickety edifice
Of warehouses, derricks, smokestacks and bridges
In the distance. All around us the water slips
And gossips in its loose vernacular,
Ferrying the smells of dead cod and tar.

Farther out, the waves will be mouthing icecakes –
A poor month for park-sleepers and lovers.
Even our shadows are blue with cold.
We wanted to see the sun come up
And are met, instead, by this iceribbed ship,

Bearded and blown, an albatross of frost,
Relic of tough weather, every winch and stay

Ein Winterschiff

An diesem Kai gibt es keine Anlandungen, die der Rede wert wären.
Rote und orangene Kähne krängen und werfen Blasen,
Eingeschäkelt am Dock, veraltet, doch
Anscheinend unverwüstlich, und grell.
Das Meer pulsiert unter einer Haut aus Öl.

Eine Möwe hält ihre Stellung auf einem Barackenbalken,
Meistert die Gezeiten des Windes, stabil
Wie Holz und formell, in einem Jackett aus Asche,
Verankert den ganzen flachen Hafen
Im Knopfrund ihrer gelben Augen.

Ein Luftschiff schwebt herauf wie ein Tagmond oder eine Blech-
Zigarre über seiner fischreichen Eisbahn.
Die Aussicht ist grau wie eine alte Radierung.
Sie laden drei Fässer ab mit kleinen Krabben.
Die Pierpfeiler scheinen gleich zusammenzuklappen,

Und mit ihnen das wacklige Bauwerk
Aus Lagerhallen, Auslegerkränen, Schornsteinen und Brücken
In der Ferne. Überall um uns herum schwappt das Wasser
Und schwatzt in seiner losen Umgangssprache,
Transportiert Toter-Dorsch-und-Teer-Gerüche.

Weiter draußen werden die Wellen Eiskuchen kauen –
Kein guter Monat für Parkschläfer und Liebende.
Sogar unsere Schatten sind blau vor Kälte.
Wir wollten sehen, wie die Sonne aufgeht,
Stattdessen ist uns dies eisrippige Schiff, überweht

Und bärtig, begegnet, ein Albatros des Frostes,
Relikt rauen Wetters, alle Winden und Taue

Encased in a glassy pellicle.
The sun will diminish it soon enough:
Each wave-tip glitters like a knife.

Ummantelt von einem glasigen Häutchen.
Die Sonne wird es früh genug schwinden lassen:
Jede Wellenspitze glitzert wie ein Messer.

Full Fathom Five

Old man, you surface seldom.
Then you come in with the tide's coming
When seas wash cold, foam-

Capped: white hair, white beard, far-flung,
A dragnet, rising, falling, as waves
Crest and trough. Miles long

Extend the radial sheaves
Of your spread hair, in which wrinkling skeins
Knotted, caught, survives

The old myth of origins
Unimaginable. You float near
As keeled ice-mountains

Of the north, to be steered clear
Of, not fathomed. All obscurity
Starts with a danger:

Your dangers are many. I
Cannot look much but your form suffers
Some strange injury

And seems to die: so vapours
Ravel to clearness on the dawn sea.
The muddy rumours

Of your burial move me
To half-believe: your reappearance
Proves rumours shallow,

Fünf Faden tief

Alter Mann, auf tauchst du kaum.
Dann kommst du mit der Flut,
Wenn die Wasser kalt hereinspülen, Schaum-

Gekrönt: weißes Haar, weißer Bart, weit verstreut,
Ein Schleppnetz, steigend, fallend mit Wellen-
Kämmen und -tälern. Meilenweit

Erstrecken sich die Bündelstrahlen
Deines ausgebreiteten Haars, knittrige
Strähnen, in denen verknotet, verfangen

Der alte Mythos, dessen Ursprünge
Unvorstellbar sind, überlebt. Du treibst heran,
Kieloben wie Eisberge

Des Nordens, um umschifft zu werden,
Nicht ausgelotet. Alle Unklarheit
Beginnt mit Gefahren:

Deine Gefahren sind zahlreich.
Ich kann nicht viel sehen, doch deine Formen leiden
Unter einer seltsamen Versehrtheit

Und scheinen zu sterben: Nebelschwaden
Auf der morgendämmrigen See lösen sich
So in Klarheit auf. Die schlammigen

Gerüchte deines Begräbnisses bewegen mich,
Halb zu glauben: deine Wiederkehr
Beweise, die Gerüchte seien oberflächlich,

For the archaic trenched lines
Of your grained face shed time in runnels:
Ages beat like rains

On the unbeaten channels
Of the ocean. Such sage humour and
Durance are whirlpools

To make away with the ground-
Work of the earth and the sky's ridgepole.
Waist down, you may wind

One labyrinthine tangle
To root deep among knuckles, shinbones,
Skulls. Inscrutable,

Below shoulders not once
Seen by any man who kept his head,
You defy questions;

You defy other godhood.
I walk dry on your kingdom's border
Exiled to no good.

Your shelled bed I remember.
Father, this thick air is murderous.
I would breathe water.

Denn die archaisch gekerbte Kontur
Deines körnigen Gesichts vergießt Zeit als Rinnsale:
Zeitalter trommeln wie Regenschauer

Auf die unberührten Kanäle
Des Ozeans. Solcherart weiser Humor und
Ausdauer sind Strudel,

Um Schluss zu machen mit dem Fundament
Der Erde und dem Himmelsgebälk. Von der
Taille abwärts magst du labyrinth-

Artig abwickeln ein Gewirr,
Um tief zu wurzeln zwischen Knöcheln, Schienbeinen,
Schädeln. Undurchschaubar,

Schulterabwärts von keinem Menschen
Je gesehen, der klaren Kopf behielt,
Widersetzt du dich Fragen;

Widersetzt du dich anderer Göttlichkeit.
Ich gehe an der Grenze deines Königreichs, trocken,
Verbannt in die Untauglichkeit.

An dein schaliges Bett kann ich mich erinnern.
Vater, diese dicke Luft ist mörderisch.
Ich möchte Wasser atmen.

Maudlin

Mud-mattressed under the sign of the hag
In a clench of blood, the sleep-talking virgin
Gibbets with her curse the moon's man,
Faggot-bearing Jack in his crackless egg:

Hatched with a claret hogshead to swig
He kings it, navel-knit to no groan,
But at the price of a pin-stitched skin
Fish-tailed girls purchase each white leg.

Weinerlich

Auf einer Matsch-Matratze unter dem Zeichen der Hexerei
Wird von der Jungfrau, redend im Schlaf, blutumklammert,
Der Mondmann mit Flüchen an den Galgen gebracht,
Der Holzbündel tragende Jack in seinem risselosen Ei:

Ausgeschlüpft mit dem weinroten Saufkopf eines Schweins,
Krönt er ihn, mit keinem Stöhnen nabelverknüpft,
Aber um den Preis einer nadelgemarterten Haut
Kaufen fischschwänzige Mädchen jedes weiße Bein.

Blue Moles

1

They're out of the dark's ragbag, these two
Moles dead in the pebbled rut,
Shapeless as flung gloves, a few feet apart –
Blue suede a dog or fox has chewed.
One, by himself, seemed pitiable enough,
Little victim unearthed by some large creature
From his orbit under the elm root.
The second carcase makes a duel of the affair:
Blind twins bitten by bad nature.

The sky's far dome is sane and clear.
Leaves, undoing their yellow caves
Between the road and the lake water,
Bare no sinister spaces. Already
The moles look neutral as the stones.
Their corkscrew noses, their white hands
Uplifted, stiffen in a family pose.
Difficult to imagine how fury struck –
Dissolved now, smoke of an old war.

2

Nightly the battle-shouts start up
In the ear of the veteran, and again
I enter the soft pelt of the mole.
Light's death to them: they shrivel in it.
They move through their mute rooms while I sleep,
Palming the earth aside, grubbers
After the fat children of root and rock.
By day, only the topsoil heaves.
Down there one is alone.

Blaue Maulwürfe

1

Sie kommen aus des Dunkels Lumpensack, diese zwei
Maulwürfe, tot in der Kieselspur,
Formlos wie weggeworfene Handschuhe, ein paar Fuß auseinander –
Blaues Wildleder, von einem Hund oder Fuchs zerkaut.
Einer für sich allein schien ziemlich bemitleidenswert,
Kleines Opfer, zutage gefördert von irgendeiner großen Kreatur,
Heraus aus seinem Orbit unter der Ulmenwurzel.
Der zweite Kadaver macht ein Duell aus der Sache:
Blinde Zwillinge, aufgestachelt von böser Natur.

Die ferne Himmelskuppel ist vernünftig und klar.
Blätter, die ihre gelben Höhlen auflösen
Zwischen der Straße und dem Wasser des Sees,
Enthüllen keine finsteren Räume. Schon
Sehen die Maulwürfe neutral aus wie die Steine.
Ihre Korkenzieher-Nasen, ihre weißen Hände,
Erhoben, werden steif in verwandter Haltung.
Schwer vorstellbar, wie Raserei sie befiel –
Verflüchtigt nun, Rauch eines alten Krieges.

2

Nachts wallen die Schlachtrufe auf
Im Ohr des Veterans, und wieder
Dringe ich ein in den weichen Pelz des Maulwurfs.
Licht ist ihr Tod: sie verkümmern in ihm.
Sie durchqueren ihre stummen Räume, während ich schlafe,
Schaufeln die Erde beiseite, Aufstöberer
Der fetten Kinder von Wurzel und Felsen.
Bei Tag hebt sich nur die Bodenkrume.
Dort unten ist man allein.

Outsize hands prepare a path,
They go before: opening the veins,
Delving for the appendages
Of beetles, sweetbreads, shards – to be eaten
Over and over. And still the heaven
Of final surfeit is just as far
From the door as ever. What happens between us
Happens in darkness, vanishes
Easy and often as each breath.

Übergroße Hände bereiten einen Pfad,
Sie gehen voran: öffnen die Adern,
Forschen nach den Fortsätzen
Der Käfer, Drüsen, Deckflügeln – um sie wieder
Und wieder zu fressen. Und immer noch ist der Himmel
Der letzten Übersättigung genauso weit
Weg wie eh und je. Was zwischen uns geschieht,
Geschieht in Dunkelheit, verschwindet
So leicht und oft wie jeder Atemzug.

Strumpet Song

With white frost gone
And all green dreams not worth much,
After a lean day's work
Time comes round for that foul slut:
Mere bruit of her takes our street
Until every man,
Red, pale or dark,
Veers to her slouch.

Mark, I cry, that mouth
Made to do violence on,
That seamed face
Askew with blotch, dint, scar
Struck by each dour year.
Walks there not some such one man
As can spare breath
To patch with brand of love this rank grimace
Which out from black tarn, ditch and cup
Into my most chaste own eyes
Looks up.

Dirnenlied

Ist der Raureif dahin
Und alle grünen Träume nicht viel wert,
Nach der Arbeit eines mageren Tags,
Kommt die Zeit für diese verdorbene Schlampe:
Schon bloßes Gerede über sie erfasst unsere Straße,
Bis jeder Mann,
Rot, dunkel oder blass,
Zu ihrem losen Gang abdreht.

Kennzeichnet, schreie ich, diesen Mund,
Geschaffen, ihm Gewalt anzutun,
Dieses gefurchte Gesicht,
Schief vor Flecken, Narben, Beulen,
Die alle mürrischen Jahre austeilen.
Geht dort nicht irgendein solcher einer Mann,
Der den Atem hat und
Mit dem Brandmal der Liebe diese krasse Fratze flickt,
Die aus schwarzen Tümpeln, Gräben und Tassen
In meine allerzüchtigsten eigenen Augen
Aufblickt.

Ouija

It is a chilly god, a god of shades,
Rises to the glass from his black fathoms.
At the window, those unborn, those undone
Assemble with the frail paleness of moths,
An envious phosphorescence in their wings.
Vermilions, bronzes, colours of the sun
In the coal fire will not wholly console them.
Imagine their deep hunger, deep as the dark
For the blood-heat that would ruddle or reclaim.
The glass mouth sucks blood-heat from my forefinger.
The old god dribbles, in return, his words.

The old god, too, writes aureate poetry
In tarnished modes, maundering among the wastes,
Fair chronicler of every foul declension.
Age, and ages of prose, have uncoiled
His talking whirlwind, abated his excessive temper
When words, like locusts, drummed the darkening air
And left the cobs to rattle, bitten clean.
Skies once wearing a blue, divine hauteur
Ravel above us, mistily descend,
Thickening with motes, to a marriage with the mire.

He hymns the rotten queen with saffron hair
Who has saltier aphrodisiacs
Than virgins' tears. That bawdy queen of death,
Her wormy couriers are at his bones.
Still he hymns juice of her, hot nectarine.
I see him, horny-skinned and tough, construe
What flinty pebbles the ploughblade upturns
As ponderable tokens of her love.
He, godly, doddering, spells

Ouija

Es ist ein kühler Gott, ein Gott der Schatten,
Steigt auf zum Glas aus seinen schwarzen Tiefen.
Am Fenster scharen sich die Ungeborenen, die Erloschenen
Mit der brüchigen Blässe von Motten,
Ein neidisches Nachleuchten in ihren Flügeln.
Zinnoberröten, Bronzen, die Farben der Sonne
Im Kohlenfeuer werden sie nie ganz trösten.
Stell dir ihren tiefen Hunger vor, tief wie das Dunkel,
Nach der Blutwärme, die röten würde oder regenerieren.
Der Glasmund saugt Blutwärme aus meinem Zeigefinger.
Der alte Gott tröpfelt, im Gegenzug, seine Worte.

Der alte Gott schreibt auch goldene Poesie,
In angeschlagenen Verfahren, faselnd zwischen Abfällen,
Redlicher Chronist jeder krummen Ablenkung.
Das Alter und Zeitalter von Prosa haben
Seinen Sprachwirbel abgespult, gedämpft sein maßloses Temperament,
Wenn Worte, wie Heuschrecken, auf die dunkelnde Luft trommelten
Und die rasselnden Maiskolben übrig ließen, kahlgefressen.
Himmel, die einst einen blauen, göttlichen Stolz trugen,
Lösen sich über uns auf, steigen neblig herab,
Sich verdichtend mit Stäubchen, zu einer Vermählung mit dem Morast.

Hymnisch preist er die verfallene Königin mit Safranhaar,
Die salzigere Aphrodisiaka
Als Jungfrauentränen hat. Diese obszöne Königin des Todes,
Ihre wurmigen Boten sind an seinen Knochen.
Dennoch preist er ihren Saft, heiße Nektarine.
Ich sehe ihn, hornhäutig und robust, deute,
Was an harten Kieseln die Pflugschar aufwühlt,
Als wägbare Zeichen ihrer Liebe.
Er, göttlich, schlotternd, setzt

No succinct Gabriel from the letters here
But floridly, his amorous nostalgias.

Keinen lapidaren Gabriel aus den Buchstaben zusammen,
Sondern blumig seine sinnlichen Nostalgien.

Man in Black

Where the three magenta
Breakwaters take the shove
And suck of the grey sea

To the left, and the wave
Unfists against the dun
Barb-wired headland of

The Deer Island prison
With its trim piggeries,
Hen huts and cattle green

To the right, and March ice
Glazes the rock pools yet,
Snuff-coloured sand cliffs rise

Over a great stone spit
Bared by each falling tide,
And you, across those white

Stones, strode out in your dead
Black coat, black shoes, and your
Black hair till there you stood,

Fixed vortex on the far
Tip, riveting stones, air,
All of it, together.

Mann in Schwarz

Wo die magentaroten drei
Wellenbrecher die Stöße
Und den Sog der grauen See

Nach links tragen und die Welle
Die Faust öffnet gegen das
Graubraune stacheldrahtige

Kap des Deer-Island-Gefängnisses
Mit seinen Schweineställen,
Hühnerbaracken und Viehweiden, rechts,

Und Märzeis noch die Felsen-
Teiche glasiert, schnupftabakfarben
Sandklippen sich erheben

Über eine große Nehrung aus Stein,
Bei jeder Ebbe entblößt,
Und du diese weißen

Steine in deinem todschwarzen Mantel durchmaßest,
Schwarzen Schuhen und deinem schwarzen
Haar, bis du dort standest,

Verankerte Windhose auf der fernen
Spitze, und nietetest Steine, Luft und
Alles zusammen.

Snakecharmer

As the gods began one world, and man another,
So the snakecharmer begins a snaky sphere
With moon-eye, mouth-pipe. He pipes. Pipes green. Pipes water.

Pipes water green until green waters waver
With reedy lengths and necks and undulatings.
And as his notes twine green, the green river

Shapes its images around his songs.
He pipes a place to stand on, but no rocks,
No floor: a wave of flickering grass tongues

Supports his foot. He pipes a world of snakes,
Of sways and coilings, from the snake-rooted bottom
Of his mind. And now nothing but snakes

Is visible. The snake-scales have become
Leaf, become eyelid; snake-bodies, bough, breast
Of tree and human. And he within this snakedom

Rules the writhings which make manifest
His snakehood and his might with pliant tunes
From his thin pipe. Out of this green nest

As out of Eden's navel twist the lines
Of snaky generations: let there be snakes!
And snakes there were, are, will be – till yawns

Consume this piper and he tires of music
And pipes the world back to the simple fabric
Of snake-warp, snake-weft. Pipes the cloth of snakes

Schlangenbeschwörer

So wie der Mensch eine Welt begann, eine andere als die Götter,
So begann auch der Schlangenbeschwörer einen Schlangenerdkreis
Mit Mondauge, Mundflöte. Er flötet. Flötet grün. Flötet Wasser.

Flötet Wasser grün, bis es schwankt, das grüne Nass,
Mit schilfigen Längen, Hälsen und Wellungen.
Und so, wie sich seine Töne grün winden, wird der grüne Fluss

Mit seinen Formen sich um seine Lieder schlingen.
Er flötet einen Platz, auf dem man stehen kann, doch keine Felsen,
Keinen Boden: eine Welle von flackernden Graszungen

Trägt seine Füße. Er flötet eine Welt der Schlangen,
Des Hin und Her und der Spiralen, aus dem schlangenverwurzelten
   Grund
Seines Geistes. Und nun ist nichts mehr außer Schlangen

Zu sehen. Die Schlangenschuppen sind Blatt
Geworden, Augenlid; Schlangenleiber Ast, Brust
Von Baum und Mensch. Und er gebietet

In seinem Schlangentum den Krümmungen, die seine Schlangenschaft
Offenbaren und seine Macht mit geschmeidigen Melodien
Aus seiner dünnen Flöte. Aus diesem grünen Nest,

Wie aus Edens Nabel heraus, wickeln sich Linien
Schlängelnder Generationen: es werde Schlange!
Und Schlangen gab es, gibt es, wird es geben – bis Gähnen

Diesen Flöter aufzehrt und er der Musik müde
Wird und die Welt zurückflötet zu dem simplen Gewebe
Aus Schlangen-Kette, Schlangen-Schuss. Und den Stoff der Schlange

To a melting of green waters, till no snake
Shows its head, and those green waters back to
Water, to green, to nothing like a snake.
Puts up his pipe, and lids his moony eye.

Zu einem Abschmelzen grüner Gewässer flötet, bis keine Schlange
Mehr ihren Kopf zeigt, und jene grünen Gewässer zurück
Zu Wasser, zu Grün, zu nichts ähnlich einer Schlange.
Seine Flöte verstaut und sein träumendes Auge bedeckt.

The Hermit at Outermost House

Sky and sea, horizon-hinged
Tablets of blank blue, couldn't,
Clapped shut, flatten this man out.

The great gods, Stone-Head, Claw-Foot,
Winded by much rock-bumping
And claw-threat, realized that.

For what, then, had they endured
Dourly the long hots and colds,
Those old despots, if he sat

Laugh-shaken on his doorsill,
Backbone unbendable as
Timbers of his upright hut?

Hard gods were there, nothing else.
Still he thumbed out something else.
Thumbed no stony, horny pot,

But a certain meaning green.
He withstood them, that hermit.
Rock-face, crab-claw verged on green.

Gulls mulled in the greenest light.

*Der Eremit am Äußersten Haus**

Himmel und Meer, Tafeln aus blankem
Blau am Horizontscharnier konnten
Zugeklappt den Mann nicht einebnen.

Die großen Götter, Steinkopf, Krallfuß,
Außer Atem von Felsenstoßen
Und Krallendrohung, bemerkten dies.

Wofür hatten sie mürrisch lange
Hitzen und Kälten ausgestanden,
Die alten Despoten, wenn er lach-

Geschüttelt auf seiner Türschwelle
Hockte, das Rückgrat unbeugbar wie
Das Holz seiner aufrechten Hütte?

Harte Götter gab es, nichts andres.
Und doch formte er etwas andres.
Formte keinen Stein-und-Horn-Kessel,

Sondern gewisses, sinniges Grün.
Er trotzte ihnen, der Eremit.
Felskopf, Krebsschere grenzten an Grün.

Möwen grübelten im grünsten Licht.

* *Outermost House* bezieht sich höchstwahrscheinlich auf das bei Cape Cod (wo Plath' Großeltern wohnten) gelegene Cottage Fo'castle des amerikanischen Schriftstellers Henry Beston, das Schauplatz seines 1928 erschienenen Romans *The Outermost House* ist. Es konnte dem Meer nur bis 1978 trotzen. Anm. d. Ü.

The Disquieting Muses

Mother, mother, what illbred aunt
Or what disfigured and unsightly
Cousin did you so unwisely keep
Unasked to my christening, that she
Sent these ladies in her stead
With heads like darning-eggs to nod
And nod and nod at foot and head
And at the left side of my crib?

Mother, who made to order stories
Of Mixie Blackshort the heroic bear,
Mother, whose witches always, always
Got baked into gingerbread, I wonder
Whether you saw them, whether you said
Words to rid me of those three ladies
Nodding by night around my bed,
Mouthless, eyeless, with stitched bald head.

In the hurricane, when father's twelve
Study windows bellied in
Like bubbles about to break, you fed
My brother and me cookies and ovaltine
And helped the two of us to choir:
»Thor is angry: boom boom boom!
Thor is angry: we don't care!«
But those ladies broke the panes.

When on tiptoe the schoolgirls danced,
Blinking flashlights like fireflies

*Die beunruhigenden Musen**

Mutter, Mutter, welch missratene Tante
Oder entstellte und unansehnliche
Cousine hieltest du als ungebeten
So unklug fern von meiner Taufe, dass
Sie diese Damen an ihrer Stelle schickte,
Mit Köpfen wie Stopfpilze zum Nicken
Und Nicken und Nicken an Fuß- und Kopfende
Und der linken Seite meines Kinderbetts?

Mutter, die Geschichten von Mixie Blackshort,
Dem heldenhaften Bären, maßschneiderte,
Mutter, deren Hexen immer, immer
In Lebkuchen verbacken wurden, ich frage mich,
Ob du sie sahst, ob du Worte sprachst,
Um mich von jenen drei Damen zu befreien,
Die des Nachts um mein Bett herum nickten,
Mundlos, augenlos, mit vernähtem Kahlkopf.

Im Hurrikan, als Vaters zwölf
Studierzimmerfenster sich einwärts bogen
Wie Blasen, kurz vorm Platzen, gabst du
Meinem Bruder und mir Kekse und Ovomaltine
Und halfst uns zweien im Chor zu singen:
»Thor ist böse, bumm bumm bumm!
Thor ist böse: das macht uns nichts!«
Doch jene Damen zerbrachen die Scheiben.

Als die Schulmädchen auf Zehenspitzen tanzten,
Mit Taschenlampen blinkten wie Leuchtkäfer

* Der Titel des Gedichts geht auf das gleichnamige Gemälde von Giorgio de Chirico zurück. Anm. d. Ü.

And singing the glowworm song, I could
Not lift a foot in the twinkle-dress
But, heavy-footed, stood aside
In the shadow cast by my dismal-headed
Godmothers, and you cried and cried:
And the shadow stretched, the lights went out.

Mother, you sent me to piano lessons
And praised my arabesques and trills
Although each teacher found my touch
Oddly wooden in spite of scales
And the hours of practising, my ear
Tone-deaf and yes, unteachable.
I learned, I learned, I learned elsewhere,
From muses unhired by you, dear mother.

I woke one day to see you, mother,
Floating above me in bluest air
On a green balloon bright with a million
Flowers and bluebirds that never were
Never, never, found anywhere.
But the little planet bobbed away
Like a soap-bubble as you called: Come here!
And I faced my travelling companions.

Day now, night now, at head, side, feet,
They stand their vigil in gowns of stone,
Faces blank as the day I was born,
Their shadows long in the setting sun
That never brightens or goes down.

Und das Glühwürmchen-Lied sangen, konnte ich
Keinen Fuß heben in dem Glitzerkleid,
Sondern stand bleifüßig am Rand
Im Schatten, den meine trübsalköpfigen
Patinnen warfen, und du weintest und weintest:
Und die Schatten wuchsen, und die Lichter gingen aus.

Mutter, du schicktest mich zu Klavierstunden
Und lobtest meine Arabesken und Triller,
Obwohl jeder der Lehrer mein Spiel
Seltsam hölzern fand trotz der Tonleitern
Und der Stunden des Übens, mein Ohr
Unmusikalisch und, ja, unbelehrbar.
Ich lernte, ich lernte, ich lernte woanders,
Bei nicht von dir angeheuerten Musen, liebe Mutter.

Eines Tages wachte ich auf und sah dich, Mutter,
Über mir schwebend in blauester Luft
Auf einem grünen Ballon, leuchtend vor einer Million
Blumen und Blaudrosseln*, die niemals irgendwo,
Niemals, niemals gesichtet wurden.
Aber der kleine Planet ploppte weg
Wie eine Seifenblase, als du riefst: Komm her!
Und ich stellte mich meinen Reisegefährten.

Tags nun, nachts nun, an Kopf, Seite, Fuß,
Stehen sie Wache in Gewändern aus Stein,
Die Gesichter leer wie am Tag meiner Geburt,
Ihre Schatten lang in der sinkenden Sonne,
Die niemals sich aufhellt oder untergeht.

* Die im Engl. *bluebird* genannten Vögel tragen im Dt. eigentlich den Namen *Hüttensänger*, der leider nichts über ihre leuchtend blaue Rückenfarbe verrät. Sie bilden eine drei Arten umfassende Gattung innerhalb der Familie der Drosseln und sind hauptsächlich in Nordamerika verbreitet. Anm. d. Ü.

And this is the kingdom you bore me to,
Mother, mother. But no frown of mine
Will betray the company I keep.

Und dies ist das Königreich, dem du mich gebarst,
Mutter, Mutter. Aber kein Stirnrunzeln von mir
Wird die Gesellschaft verraten, die ich pflege.

Medallion

By the gate with star and moon
Worked into the peeled orange wood
The bronze snake lay in the sun

Inert as a shoelace; dead
But pliable still, his jaw
Unhinged and his grin crooked,

Tongue a rose-coloured arrow.
Over my hand I hung him.
His little vermilion eye

Ignited with a glassed flame
As I turned him in the light;
When I split a rock one time

The garnet bits burned like that.
Dust dulled his back to ochre
The way sun ruins a trout.

Yet his belly kept its fire
Going under the chainmail,
The old jewels smouldering there

In each opaque belly-scale:
Sunset looked at through milk glass.
And I saw white maggots coil

Thin as pins in the dark bruise
Where his innards bulged as if
He were digesting a mouse.

Medaillon

Beim Tor, wo Mond und Sterne
Ins geschälte orangene Holz geschnitzt sind,
Lag die bronzene Schlange in der Sonne,

Schlaff wie ein Schnürsenkel; tot,
Aber noch biegsam, ihr Maul
Ausgehakt und ihr Grinsen verzerrt,

Zunge ein rosenfarbener Pfeil.
Über meine Hand hängte ich sie.
Ihr kleiner, zinnoberroter Augapfel

Entfachte eine verglaste Flamme,
Als ich sie drehte im Licht,
Als ich einst einen Stein spaltete,

Loderten so die Splitter aus Granat.
Staub gab ihrem Rücken ein stumpfes Ocker,
So wie die Sonne eine Forelle ruiniert.

Doch ihr Bauch ließ sein Feuer
Nicht ausgehen unter dem Kettenhemd,
Die alten Juwelen fand ich hier

In jeder opaken Bauchschuppe glimmend:
Sonnenuntergang betrachtet durch Milchglas.
Und ich sah weiße Maden, sich kringelnd,

Dünn wie Nadeln in dem dunklen Bluterguss,
Wo ihre Eingeweide sich beulten,
Als verdaute sie eine Maus.

Knifelike, he was chaste enough,
Pure death's-metal. The yardman's
Flung brick perfected his laugh.

Messerartig, war sie recht unbefleckt,
Reines Todesmetall. Der geschleuderte
Stein des Hofarbeiters machte ihr Lachen perfekt.

Two Sisters of Persephone

Two girls there are: within the house
One sits; the other, without.
Daylong a duet of shade and light
Plays between these.

In her dark wainscotted room
The first works problems on
A mathematical machine.
Dry ticks mark time

As she calculates each sum.
At this barren enterprise
Rat-shrewd go her squint eyes,
Root-pale her meagre frame.

Bronzed as earth, the second lies,
Hearing ticks blown gold
Like pollen on bright air. Lulled
Near a bed of poppies,

She sees how their red silk flare
Of petalled blood
Burns open to sun's blade.
On that green altar

Freely become sun's bride, the latter
Grows quick with seed.
Grass-couched in her labour's pride,
She bears a king. Turned bitter

And sallow as any lemon,
The other, wry virgin to the last,

Zwei Schwestern der Persephone

Zwei Mädchen sind es: drinnen sitzt
Die Eine, die Andere draußen.
Den ganzen Tag spielt zwischen diesen
Ein Duett aus Schatten und Licht.

In ihrem dunkel getäfelten Raum
Löst die Erste Aufgaben mit
Einem mathematischen Apparat.
Bei trockenem Ticken vergeht Zeit kaum,

Wenn sie die Summen berechnet.
Bei dieser stumpfen Tätigkeit
Gehn ihre Schielaugen rattengescheit,
Wurzelfahl ihr mageres Gerüst.

Braun wie Erde liegt die Zweite schon,
Hört ein Ticken, geblasenes Gold,
Gleich Pollen in klarer Luft. Eingelullt
Nah einem Beet voll Mohn,

Sieht sie, wie rotes Seidengeflacker
Aus blättrigem Blut
Der Sonnenklinge entgegenglüht.
Auf diesem grünen Altar

Frei der Sonne Braut geworden, wächst
Letztere, schwanger mit Samen.
Grasgebettet im Stolz ihrer Wehen
Gebiert sie einen König. Verbittert

Und bleich, irgendeiner Zitrone gleich,
Geht die Andere, verquere Jungfer bis zum Schluss,

Goes graveward with flesh laid waste,
Worm-husbanded, yet no woman.

Mit brachem Fleisch grabwärts,
Wurmvermählt, doch kein Weib.

The Companionable Ills

The nose-end that twitches, the old imperfections –
Tolerable now as moles on the face
Put up with until chagrin gives place
To a wry complaisance –

Dug in first as God's spurs
To start out of the mud
It stabled in; long-used, became well-loved
Bedfellows of the spirit's debauch, fond masters.

Die getreuen Leiden

Die Nasenspitze, die zwickt, die alten Unvollkommenheiten –
Erträglich nun wie Leberflecken im Gesicht,
Hingenommen, bis der Verdruss weicht
Einem ironischen Entgegenkommen –

Zuerst gegeben als Gottes Sporen,
Um aus dem Schlamm, in dem er* hauste,
Herauszukommen; lang in Gebrauch, wurden sie vielgeliebte
Bettgenossen der Ausschweifungen des Geistes, zärtliche Herren.

* Aus dem Original geht nicht eindeutig hervor, worauf *it* sich bezieht, semantisch am sinnvollsten ist m. E. die Bezugnahme auf *spirit*, im Deutschen also auf den *Geist*, nicht auf *Gott*, ein schwer zu vermeidendes Missverständnis an dieser Stelle. Anm. d. Ü.

Moonrise

Grub-white mulberries redden among leaves.
I'll go out and sit in white like they do,
Doing nothing. July's juice rounds their nubs.

This park is fleshed with idiot petals.
White catalpa flowers tower, topple,
Cast a round white shadow in their dying.

A pigeon rudders down. Its fan-tail's white.
Vocation enough: opening, shutting
White petals, white fan-tails, ten white fingers.

Enough for fingernails to make half-moons
Redden in white palms no labour reddens.
White bruises toward colour, else collapses.

Berries redden. A body of whiteness
Rots, and smells of rot under its headstone
Though the body walk out in clean linen.

I smell that whiteness here, beneath the stones
Where small ants roll their eggs, where grubs fatten.
Death may whiten in sun or out of it.

Death whitens in the egg and out of it.
I can see no colour for this whiteness.
White: it is a complexion of the mind.

Mondaufgang

Madenweiße Maulbeeren röten sich zwischen
Blättern. Ich gehe raus, sitze in Weiß wie sie,
Tue nichts. Julisaft rundet ihre Knötchen.

Der Park ist befleischt mit Idioten-Kronblättern.
Weiße Catalpa-Blüten ragen auf, stürzen,
Werfen einen rund-weißen Schatten im Sterben.

Eine Taube rudert herab. Ihr Fächerschwanz
Weiß. Berufung genug: Öffnen, Schließen weißer
Kronblätter, Fächerschwänze, zehn weißer Finger*.

Genug für Nägel, dass Halbmonde sich röten
In weißen Handflächen, von keiner Arbeit rot.
Weiß presst sich zu Farbe oder fällt zusammen.

Die Beeren röten sich. Ein Körper aus Weißheit
Verwest, riecht nach Verwesung unter dem Grabstein,
Wo doch der Körper aufsteigt in reinem Leinen.

Ich rieche die Weißheit hier, unter den Steinen,
Wo kleine Ameisen Eier rollen, Maden
Fett werden. Tod weißt sich in der Sonne wie in

Sonnlosigkeit. Tod weißt sich im Ei und außer-
Halb. Ich kann keine Farbe für diese Weißheit
Sehen. Weiß: es ist ein Kolorit des Geistes.

* Wie meist unumgänglich, bringt die Übertragung ins Deutsche eine höhere Silbenanzahl mit sich. Im Original sind es in jeder Zeile zehn. Anm. d. Ü.

I tire, imagining white Niagaras
Build up from a rock root, as fountains build
Against the weighty image of their fall.

Lucina, bony mother, labouring
Among the socketed white stars, your face
Of candour pares white flesh to the white bone,

Who drag our ancient father at the heel,
White-bearded, weary. The berries purple
And bleed. The white stomach may ripen yet.

Müde, sehe ich weiße Niagarafälle,
Gebaut auf Felsenwurzeln, wie Fontänen sie
Bauen gegen das schwere Bild ihres Fallens.

Lucina, knochige Mutter, kreißend zwischen
Eingefassten weißen Sternen, dein Gesicht,
So offen, schabt weißes Fleisch von weißem Knochen,

Schleifst unsren antiken Vater am Hacken nach,
Weißbärtig, erschöpft. Die Beeren werden purpurn
Und bluten. Der weiße Bauch mag schon noch reifen.

Spinster

Now this particular girl
During a ceremonious April walk
With her latest suitor
Found herself, of a sudden, intolerably struck
By the birds' irregular babel
And the leaves' litter.

By this tumult afflicted, she
Observed her lover's gestures unbalance the air,
Her gait stray uneven
Through a rank wilderness of fern and flower.
She judged petals in disarray,
The whole season, sloven.

How she longed for winter then! –
Scrupulously austere in its order
Of white and black
Ice and rock, each sentiment within border,
And heart's frosty discipline
Exact as a snowflake.

But here – a burgeoning
Unruly enough to pitch her five queenly wits
Into vulgar motley –
A treason not to be borne. Let idiots
Reel giddy in bedlam spring:
She withdrew neatly.

And round her house she set
Such a barricade of barb and check
Against mutinous weather

Alte Jungfer

Dieses spezielle Mädchen nun
Fand sich während eines feierlichen
April-Spaziergangs mit dem neuesten Verehrer
Auf einmal unerträglich getroffen
Vom regellosen Gewirr der Vogelstimmen
Und dem Durcheinander der Blätter.

Von diesem Tumult geplagt, beobachtete sie,
Wie die Gesten ihres Geliebten die Luft aus dem Gleichgewicht
  brachten
Und ihr Gang unstetig abirrte
Durch eine wuchernde Wildnis von Farnen und Blumen.
Sie verurteilte die Blütenblätter-Anarchie,
Die ganze Jahreszeit, Schlampe.

Wie sie sich da nach dem Winter sehnte! –
Peinlich streng in seiner Ordnung
Von Weiß und Schwarz,
Eis und Stein, jedes Gefühl in Begrenzung,
Und akkurat wie eine Schneeflocke
In frostiger Disziplin das Herz.

Doch hier – alles schlägt aus,
Unbändig genug, ihre fünf Königinnen-Sinne
In vulgäre Kunterbuntheit zu schleudern –
Ein Hochverrat, der nicht geduldet werden konnte.
Sollen Idioten albern taumeln im Frühlingstollhaus:
Sie kehrte dem säuberlich den Rücken.

Und um ihr Haus, gegen das meuternde Wetter,
Richtete sie auf aus Stacheln und Sperren
Solch eine Barrikade,

As no mere insurgent man could hope to break
With curse, fist, threat
Or love, either.

Wie kein rein dreister Mann hoffen konnte zu durchbrechen,
Mit Fluch, Faust, Drohung entweder,
Oder Liebe.

Frog Autumn

Summer grows old, cold-blooded mother,
The insects are scant, skinny.
In these palustral homes we only
Croak and wither.

Mornings dissipate in somnolence.
The sun brightens tardily
Among the pithless reeds. Flies fail us.
The fen sickens.

Frost drops even the spider. Clearly
The genius of plenitude
Houses himself elsewhere. Our folk thin
Lamentably.

Froschherbst

Der Sommer altert, kaltblütige Mutter,
Die Insekten sind knapp und mager.
In diesen moorigen Heimstätten quaken
Und verkümmern wir nur.

Die Morgen zerrinnen in Schlaftrunkenheit.
Die Sonne wird allzu langsam hell
Zwischen marklosem Schilf. Fliegen lassen uns
Im Stich. Der Sumpf kränkelt.

Frost lässt gar die Spinne fallen. Zweifellos
Suchte der Geist der Fülle sich nun
Eine andere Bleibe. Unser Volk dünnt
Sich beklagenswert aus.

Mussel Hunter at Rock Harbour

I came before the water-
Colourists came to get the
Good of the Cape light that scours
Sand grit to sided crystal
And buffs and sleeks the blunt hulls
Of the three fishing smacks beached
On the bank of the river's

Backtracking tail. I'd come for
Free fish-bait: the blue mussels
Clumped like bulbs at the grass-root
Margin of the tidal pools.
Dawn tide stood dead low. I smelt
Mud stench, shell guts, gulls' leavings;
Heard a queer crusty scrabble

Cease, and I neared the silenced
Edge of a cratered pool-bed.
The mussels hung dull blue and
Conspicuous, yet it seemed
A sly world's hinges had swung
Shut against me. All held still.
Though I counted scant seconds,

Enough ages lapsed to win
Confidence of safe-conduct
In the wary otherworld
Eyeing me. Grass put forth claws;
Small mud knobs, nudged from under,
Displaced their domes as tiny
Knights might doff their casques. The crabs

Muschelsucherin bei Rock Harbour

Ich kam, bevor die Wasserfarben-
Maler kamen, um das Beste vom
Cape-Licht einzufangen, das dem Kies
Kristallfacetten scheuert und die
Schroffen Rümpfe der drei Fischkutter
Poliert und glättet, gestrandet am
Ufer des zurücklaufenden Fluss-

Schwanzes. Ich war auf kostenlose
Fischköder aus: die blauen Muscheln
Klumpten wie Knollen am Graswurzel-
Saum der Gezeitenteiche. So früh
Herrschte Ebbe. Ich roch Schlick, Muschel-
Inneres, die Reste der Möwen,
Hörte seltsam krustiges Scharren

Stocken, ging nah an den verstummten
Rand eines verkraterten Teichbetts.
Die Muscheln hingen dort stumpf, blau und
Ostentativ, doch schien es, die Tür
Zu einer heimlichen Welt sei vor
Mir zugefallen. Alles hielt still.
Obwohl ich bloß Sekunden zählte,

Verflossen genug Zeitalter für
Ein Zutrauen zu sichrem Geleit
In der scheelen Anderwelt, die mich
Beäugte. Dem Gras wuchsen Scheren;
Schlick-Knubbel, von unten angestupst,
Lüfteten, wie vielleicht winzige
Ritter, ihre Helme. Die Krabben

Inched from their pygmy burrows
And from the trench-dug mud, all
Camouflaged in mottled mail
Of browns and greens. Each wore one
Claw swollen to a shield large
As itself – no fiddler's arm
Grown Gargantuan by trade,

But grown grimly, and grimly
Borne, for a use beyond my
Guessing of it. Sibilant
Mass-motived hordes, they sidled
Out in a converging stream
Toward the pool-mouth, perhaps to
Meet the thin and sluggish thread

Of sea retracing its tide-
Way up the river-basin.
Or to avoid me. They moved
Obliquely with a dry-wet
Sound, with a glittery wisp
And trickle. Could they feel mud
Pleasurable under claws

As I could between bare toes?
That question ended it – I
Stood shut out, for once, for all,
Puzzling the passage of their
Absolutely alien
Order as I might puzzle
At the clear tail of Halley's

Krochen aus ihren Zwergentunneln
Und dem unterhöhlten Schlamm, alle
Getarnt in gefleckten Rüstungen
Aus Braun und Grün. Jede trug eine
Schere geschwollen zu einem Schild,
Groß wie sie selbst, keines Winkenden*
Arm, verriesigt durch steten Gebrauch,

Sondern vergrimmigt und so grimmig
Getragen, für einen Zweck jenseits
Meiner Mutmaßungen. Zischende
Massentrieb-Horden, schlichen sie, ein
Zusammenfließender Strom, zum Teich-
Ausgang, vielleicht um zum dünnen und
Trägen Faden von See zu kommen,

Der seinen Gezeitenweg zurück-
Verfolgt hoch zum Flusseinzugsgebiet.
Oder um mir aus dem Weg zu gehn.
Sie bewegten sich mit nass-trocknen
Geräuschen, glänzendem Gewische
Und Geriesel. Vermochten sie Schlick
Wohlig mit den Scheren zu spüren

Wie ich zwischen den nackten Zehen?
Die Frage beendete es – ich
Stand ausgeschlossen, jetzt und ewig,
Rätselnd über den Durchzug ihrer
Absolut fremden Ordnung, so wie
Ich rätseln mag über den klaren
Schweif des Halley'schen Kometen, der

* Da im Engl. die Winkerkrabbe als *fiddler-crab* bezeichnet wird, stellt das Original ihren Namen wegen des Vergleichs ihres Armes mit dem eines Fiedlers infrage. Anm. d. Ü.

Comet coolly giving my
Orbit the go-by, made known
By a family name it
Knew nothing of. So the crabs
Went about their business, which
Wasn't fiddling, and I filled
A big handkerchief with blue

Mussels. From what the crabs saw,
If they could see, I was one
Two-legged mussel-picker.
High on the airy thatching
Of the dense grasses I found
The husk of a fiddler-crab,
Intact, strangely strayed above

His world of mud – green colour
And innards bleached and blown off
Somewhere by much sun and wind;
There was no telling if he'd
Died recluse or suicide
Or headstrong Columbus crab.
The crab-face, etched and set there,

Grimaced as skulls grimace: it
Had an Oriental look,
A samurai death mask done
On a tiger tooth, less for
Art's sake than God's. Far from sea –
Where red-freckled crab-backs, claws
And whole crabs, dead, their soggy

Bellies pallid and upturned,
Perform their shambling waltzes
On the waves' dissolving turn

Vorbeisausend meiner Umlaufbahn
Die kalte Schulter zeigt, bekannt durch
Einen Familiennamen, von dem
Er nichts weiß. So gingen die Krabben
Ihren Angelegenheiten nach,
Die nicht Winken waren, ich füllte
Ein großes Taschentuch mit blauen

Muscheln. Das, was die Krabben sahen,
Falls sie mich sehen konnten, war ein
Zweibeiniger Muschelaufsammler.
Hoch oben auf dem luftigen Reet
Der dichten Gräser entdeckte ich
Die Hülle einer Winkerkrabbe,
Heil, merkwürdig abgeirrt über

Ihre Welt aus Schlick hinaus – grün und
Die Innereien gebleicht, verweht
Irgendwohin durch Sonne und Wind;
Nicht auszumachen, ob gestorben
Als Einsiedler oder Selbstmörder
Oder sture Kolumbus-Krabbe.
Das Gesicht, wie radiert, dort fixiert,

Grimassierte, wie Schädel es tun:
Da war so ein östlicher Einschlag,
Samurai-Todesmaske, geschnitzt
Auf einem Tigerzahn, weniger
Um der Kunst als um Gottes willen. Weit
Vom Meer – wo gepunktete Rücken,
Scheren, ganze Krabben, tot, Bäuche

Durchweicht, bleich und nach oben gekehrt,
Schlenkernde Walzer ausführen auf
Der Wellen auflösendem Um- und

And return, losing themselves
Bit by bit to their friendly
Element – this relic saved
Face, to face the bald-faced sun.

Umgewende, Stück für Stück an ihr
Trautes Element sich verlierend –
Wahrte dies Relikt das Gesicht, zu
Begegnen dem kahlen der Sonne.

The Beekeeper's Daughter

A garden of mouthings. Purple, scarlet-speckled, black
The great corollas dilate, peeling back their silks.
Their musk encroaches, circle after circle,
A well of scents almost too dense to breathe in.
Hieratical in your frock coat, maestro of the bees,
You move among the many breasted hives,

My heart under your foot, sister of a stone.

Trumpet-throats open to the beaks of birds.
The Golden Rain Tree drips its powders down.
In these little boudoirs streaked with orange and red
The anthers nod their heads, potent as kings
To father dynasties. The air is rich.
Here is a queenship no mother can contest –

A fruit that's death to taste: dark flesh, dark parings.

In burrows narrow as a finger, solitary bees
Keep house among the grasses. Kneeling down
I set my eye to a hole-mouth and meet an eye
Round, green, disconsolate as a tear.
Father, bridegroom, in this Easter egg
Under the coronal of sugar roses

The queen bee marries the winter of your year.

Des Imkers Tochter

Ein Garten der vollen Münder. Purpur, scharlachrot und schwarz
Weiten sich die großen Blütenkronen, blättern ihre Seiden auf.
Ihr Moschus greift um sich, Kreis für Kreis,
Eine Quelle von Düften, zu dicht zum Atmen mitunter.
Priesterlich in deinem Gehrock, Maestro der Bienen,
Bewegst du dich zwischen den vielen brüstigen Körben,

Mein Herz unter deinen Füßen, eines Steines Schwester.

Trompeten-Kehlen öffnen sich den Schnäbeln der Vögel.
Der Blasenbaum* lässt seinen Staub niederflocken.
In diesen kleinen Boudoirs, orange und rot gestreift,
Nicken die Staubbeutel mit den Köpfen, potent wie Könige,
Um Dynastien zu zeugen. Die Luft ist schwer.
Hier gibt es ein Königinnentum, das keine Mutter herausfordern kann –

Eine Frucht, die den Tod bringt: dunkles Fleisch, dunkle Schale.

In Höhlen, fingereng, haushalten zwischen
Den Gräsern Solitärbienen. Niederkniend
Lege ich mein Auge auf ein Loch und treffe ein Auge,
Rund, grün und wie eine Träne trostlos.
Vater, Bräutigam, in diesem Osterei,
Unter der Krone aus Zuckerrosen,

Vermählt sich die Königin dem Winter deines Jahres.

* Die wörtliche Übersetzung des *Golden Rain Tree*, der im Dt. den profanen Namen *Blasenbaum* trägt, wäre angebracht, wollte man das Tropfen (*drip*) beibehalten. Ein *Goldregenbaum* ließe jedoch an eine andere Pflanze denken, den Goldregen, dessen Blütezeit im Frühjahr nicht zur Jahreszeit des Gedichtes (später Hochsommer) passte. Anm. d. Ü.

The Times Are Tidy

Unlucky the hero born
In this province of the stuck record
Where the most watchful cooks go jobless
And the mayor's rôtisserie turns
Round of its own accord.

There's no career in the venture
Of riding against the lizard,
Himself withered these latter-days
To leaf-size from lack of action:
History's beaten the hazard.

The last crone got burnt up
More than eight decades back
With the love-hot herb, the talking cat,
But the children are better for it,
The cow milk's cream an inch thick.

Die Zeiten sind rein

Unglücklich der Held, der geboren ward
In dieser Provinz der hängengebliebenen Schallplatten,
Wo die aufmerksamsten Köche ohne Job sind
Und des Bürgermeisters Grillspieße
Von selbst rotieren.

Es steckt keine Karriere in dem Unternehmen,
Zu Felde zu ziehen gegen die Echse,
Selbst geschrumpft in letzter Zeit
Auf Blattgröße aus Ereignismangel:
Die Gefahr geschlagen von der Geschichte.

Das letzte alte Weib wurde verbrannt
Vor mehr als acht Dekaden, ihr Geschick
Teilten das liebesheiße Kraut, die sprechende Katze,
Aber die Kinder sind besser dafür,
Die Kuhmilch-Sahne zwei Zentimeter dick.

The Burnt-Out Spa

An old beast ended in this place:

A monster of wood and rusty teeth.
Fire smelted his eyes to lumps
Of pale blue vitreous stuff, opaque
As resin drops oozed from pine bark.

The rafters and struts of his body wear
Their char of karakul still. I can't tell
How long his carcase has foundered under
The rubbish of summers, the black-leaved falls.

Now little weeds insinuate
Soft suede tongues between his bones.
His armourplate, his toppled stones
Are an esplanade for crickets.

I pick and pry like a doctor or
Archaeologist among
Iron entrails, enamel bowls,
The coils and pipes that made him run.

The small dell eats what ate it once.
And yet the ichor of the spring
Proceeds clear as it ever did
From the broken throat, the marshy lip.

It flows off below the green and white
Balustrade of a sag-backed bridge.
Leaning over, I encounter one
Blue and improbable person

Das ausgebrannte Bad

Ein altes Untier verendete hier:

Ein Monster aus Holz und rostigen Zähnen.
Feuer schmolz seine Augen zu Klumpen
Blassblauer gläserner Materie, opak
Wie Harz, aus Kiefernrinde gesickert.

Die Sparren und Stützen des Körpers tragen
Noch Karakul-Kohle. Ich kann nicht sagen,
Wie lang dies Skelett schon zusammensackt
Unterm Abfall der Sommer, schwarzblättrigen Herbsten.

Nun schmeicheln sich kleine Kräuter mit weichen
Wildleder-Zungen zwischen die Knochen.
Sein Panzer, seine gestürzten Steine
Sind eine Promenade für Grillen.

Ich piekse und spähe wie ein Arzt
Oder Archäologe zwischen Eisen-
Innereien, Emaillebecken,
Die Spiralen und Röhren, die es am Laufen hielten.

Das kleine Tal frisst, was *es* einst fraß.
Und doch rinnt das Sekret des Frühlings
Klar wie eh und je aus dieser
Kaputten Kehle, von der sumpfigen Lippe.

Es fließt ab unterm grünen und weißen
Geländer einer Brücke mit Hängerücken.
Darüberlehnend begegne ich einer
Blauen und unwirklichen Person,

Framed in a basketwork of cat-tails.
O she is gracious and austere,
Seated beneath the toneless water!
It is not I, it is not I.

No animal spoils on her green doorstep.
And we shall never enter there
Where the durable ones keep house.
The stream that hustles us

Neither nourishes nor heals.

Gerahmt in ein Flechtwerk aus Lampenputzern.
Oh, sie ist anmutig und streng,
Wie sie dort liegt unter dem tonlosen Wasser!
Das bin nicht ich, das bin nicht ich.

Kein Tier verkommt auf ihrer grünen Schwelle.
Und wir werden niemals eindringen dort,
Wo die Dauerhaften haushalten.
Jener Strom, der uns drängt,

Ist weder nahrhaft noch heilsam.

Sculptor

For Leonard Baskin

To his house the bodiless
Come to barter endlessly
Vision, wisdom, for bodies
Palpable as his, and weighty.

Hands moving move priestlier
Than priest's hands, invoke no vain
Images of light and air
But sure stations in bronze, wood, stone.

Obdurate, in dense-grained wood,
A bald angel blocks and shapes
The flimsy light; arms folded
Watches his cumbrous world eclipse

Inane worlds of wind and cloud.
Bronze dead dominate the floor,
Resistive, ruddy-bodied,
Dwarfing us. Our bodies flicker

Toward extinction in those eyes
Which, without him, were beggared
Of place, time, and their bodies.
Emulous spirits make discord,

Try entry, enter nightmares
Until his chisel bequeaths
Them life livelier than ours,
A solider repose than death's.

Bildhauer

Für Leonard Baskin

In sein Haus kommen die Körperlosen,
Um unaufhörlich Weisheit, Weitsicht
Gegen Körper einzutauschen,
Greifbar wie seiner, und von Gewicht.

Hände bewegen sich, priesterlicher
Als Priesterhände, beschwören keine leeren
Bilder aus Licht und Luft, sondern sichere
Positionen in Bronze, Holz, Stein.

In dichtporigem Holz, hartgesotten,
Blockiert und formt das dünne Licht
Ein kahler Engel; mit verschränkten Armen
Guckt er zu, wie seine klobige Welt

Nichtige Welten aus Wind und Wolken verfinstert.
Bronzene Tote beherrschen den Boden,
Widerständig, rostrotbeleibt,
Uns verzwergend. Unsere Körper flackern

Der Auslöschung entgegen in jenen
Augen, die um Ort und Zeit gebracht
Wären, und ihre Körper, ohne ihn.
Gierige Geister säen Zwietracht,

Probieren ein Eindringen, kommen als Nacht-
Mare, bis ihnen ein Leben lebendiger
Als unseres sein Meißel vermacht,
Mehr als die Ruhe des Todes, beständiger.

Poem for a Birthday

I
Who

The month of flowering's finished. The fruit's in,
Eaten or rotten. I am all mouth.
October's the month for storage.

This shed's fusty as a mummy's stomach:
Old tools, handles and rusty tusks.
I am at home here among the dead heads.

Let me sit in a flowerpot,
The spiders won't notice.
My heart is a stopped geranium.

If only the wind would leave my lungs alone.
Dogbody noses the petals. They bloom upside down.
They rattle like hydrangea bushes.

Mouldering heads console me,
Nailed to the rafters yesterday:
Inmates who don't hibernate.

Cabbageheads: wormy purple, silver-glaze,
A dressing of mule ears, mothy pelts, but green-hearted,
Their veins white as porkfat.

O the beauty of usage!
The orange pumpkins have no eyes.
These halls are full of women who think they are birds.

Gedicht für einen Geburtstag

1
Wer

Der Blütemonat ist vorbei. Die Frucht ist eingebracht,
Verzehrt oder verfault. Ich bin ganz Mund.
Oktober ist der Monat für Einlagerung.

Dieser Schuppen ist muffig wie ein Mumienmagen.
Altes Gerät, Griffe und rostige Zähne.
Ich bin hier zu Hause zwischen den toten Köpfen.

Lass mich in einem Blumentopf sitzen,
Die Spinnen merken es nicht.
Mein Herz ist eine welke Geranie.

Wenn bloß der Wind meine Lungen in Ruhe ließe.
Hundejemand beschnüffelt die Blütenblätter. Sie blühen kopfüber.
Sie rasseln wie Hortensienbüsche.

Modernde Köpfe trösten mich,
Gestern an die Dachsparren genagelt:
Hausgenossen, die nicht überwintern.

Kohlköpfe: wurmiges Purpur, Silberglasur,
Ein Aufputz aus Maultierohren, mottigen Fellen, doch grünherzig,
Ihre Adern weiß wie Schweinefett.

Oh, die Schönheit des Gebrauchs!
Die orangenen Kürbisse haben keine Augen.
Diese Hallen sind voll von Frauen, die glauben, sie seien Vögel.

This is a dull school.
I am a root, a stone, an owl pellet,
Without dreams of any sort.

Mother, you are the one mouth
I would be a tongue to. Mother of otherness
Eat me. Wastebasket gaper, shadow of doorways.

I said: I must remember this, being small.
There were such enormous flowers,
Purple and red mouths, utterly lovely.

The hoops of blackberry stems made me cry.
Now they light me up like an electric bulb.
For weeks I can remember nothing at all.

Dies ist eine öde Schule.
Ich bin eine Wurzel, ein Stein, ein Eulengewölle,
Ohne Träume irgendwelcher Art.

Mutter, du bist der eine Mund,
Zu dem ich eine Zunge wäre. Mutter der Andersheit,
Verschling mich. Abfallkorbgaffer, Schatten im Eingang.

Ich sagte: ich muss mich erinnern, wie es ist, klein zu sein.
Es gab so gewaltige Blumen,
Purpurne und rote Münder, äußerst reizvoll.

Die Reifen der Brombeerstängel brachten mich zum Heulen.
Jetzt lassen sie mich aufleuchten wie eine Glühbirne.
Wochenlang fällt mir gar nichts mehr ein.

2

Dark House

This is a dark house, very big.
I made it myself,
Cell by cell from a quiet corner,
Chewing at the grey paper,
Oozing the glue drops,
Whistling, wiggling my ears,
Thinking of something else.

It has so many cellars,
Such eelish delvings!
I am round as an owl,
I see by my own light.
Any day I may litter puppies
Or mother a horse. My belly moves.
I must make more maps.

These marrowy tunnels!
Moley-handed, I eat my way.
All-mouth licks up the bushes
And the pots of meat.
He lives in an old well,
A stony hole. He's to blame.
He's a fat sort.

Pebble smells, turnipy chambers.
Small nostrils are breathing.
Little humble loves!
Footlings, boneless as noses,
It is warm and tolerable
In the bowel of the root.
Here's a cuddly mother.

2
Dunkles Haus

Dies ist ein dunkles Haus, sehr groß.
Ich habe es selbst gemacht,
Zelle für Zelle aus einer stillen Ecke heraus,
Kaute herum auf dem grauen Papier,
Sonderte Leimtropfen ab,
Pfiff, wackelte mit den Ohren,
Dachte an etwas anderes.

Es hat so viele Keller,
Solch aalige Höhlungen!
Ich bin rund wie eine Eule,
Ich sehe mit meinem eigenen Licht.
Jeden Tag könnte ich Welpen werfen
Oder Pferdemutter werden. Mein Bauch bewegt sich.
Ich muss mehr Karten machen.

Diese markigen Tunnel!
Maulwurfshändig grabe ich mich hindurch.
All-Maul schleckt die Sträucher leer
Und die Fleischtöpfe.
Er lebt in einem alten Brunnen,
Einem steinigen Loch. Er ist schuld.
Er ist von feister Art.

Kieselgerüche, Rübenkammern.
Winzige Nüstern atmen.
Kleine bescheidene Lieblinge!
Dummerchen, knochenlos wie Nasen,
Es ist warm und annehmbar
Im Eingeweide der Wurzel.
Hier ist eine kuschlige Mutter.

3
Maenad

Once I was ordinary:
Sat by my father's bean tree
Eating the fingers of wisdom.
The birds made milk.
When it thundered I hid under a flat stone.

The mother of mouths didn't love me.
The old man shrank to a doll.
O I am too big to go backward:
Birdmilk is feathers,
The bean leaves are dumb as hands.

This month is fit for little.
The dead ripen in the grapeleaves.
A red tongue is among us.
Mother, keep out of my barnyard,
I am becoming another.

Dog-head, devourer:
Feed me the berries of dark.
The lids won't shut. Time
Unwinds from the great umbilicus of the sun
Its endless glitter.

I must swallow it all.

3
Mänade

Einst war ich normal:
Saß bei meines Vaters Bohnenbaum*,
Aß die Finger der Weisheit.
Die Vögel machten Milch.
Donnerte es, versteckte ich mich unter einem flachen Stein.

Die Mutter der Münder liebte mich nicht.
Der alte Mann schrumpfte zu einer Puppe.
Ach, ich bin zu groß, um zurückzugehen:
Vogelmilch sind Federn,
Die Bohnenblätter sind stumm wie Hände.

Dieser Monat taugt zu kaum was.
Die Toten reifen in den Weinblättern.
Eine rote Zunge ist unter uns.
Mutter, bleib weg von meinem Hof,
Ich werde eine andere.

Hundekopf, Vertilger:
Füttere mich mit den Beeren des Dunkels.
Die Lider schließen sich nicht. Zeit
Wickelt vom großen Nabel der Sonne
Ihr endloses Gleißen ab.

Ich muss es alles schlucken.

* *Bean tree* bezeichnet als Trivialname botanisch verschiedene Gewächse mit langen, bohnenähnlichen Früchten, so auch den Johannisbrotbaum, meist ist aber der Trompetenbaum gemeint, der jedoch im Dt. häufig synonym gebraucht wird mit der Engelstrompete und nicht sofort an die fingerartigen Früchte denken lässt. Anm. d. Ü.

Lady, who are these others in the moon's vat –
Sleepdrunk, their limbs at odds?
In this light the blood is black.
Tell me my name.

Meine Dame, wer sind diese anderen im Mondbottich –
Schlaftrunken, ihre Glieder verdreht?
In diesem Licht ist das Blut schwarz.
Sag mir meinen Namen.

4
The Beast

He was bullman earlier,
King of the dish, my lucky animal.
Breathing was easy in his airy holding.
The sun sat in his armpit.

Nothing went mouldy. The little invisibles
Waited on him hand and foot.
The blue sisters sent me to another school.
Monkey lived under the dunce cap.
He kept blowing me kisses.
I hardly knew him.

He won't be got rid of:
Mumblepaws, teary and sorry,
Fido Littlesoul, the bowel's familiar.
A dustbin's enough for him.
The dark's his bone.
Call him any name, he'll come to it.

Mud-sump, happy sty-face.
I've married a cupboard of rubbish.
I bed in a fish puddle.
Down here the sky is always falling.
Hogwallow's at the window.
The star bugs won't save me this month.
I housekeep in Time's gut-end
Among emmets and molluscs,
Duchess of Nothing,
Hairtusk's bride.

4
Das Vieh

Er war Bullenmann früher,
König der Schüssel, mein glückliches Tier.
Atmen war leicht in seinem luftigen Halt.
Die Sonne saß in seiner Achsel.

Nichts wurde schimmlig. Die Heinzelmännchen
Erledigten alles für ihn.
Die blauen Schwestern schickten mich in eine andere Schule.
Affe lebte unter der Narrenkappe.
Immer warf er mir Küsse zu.
Ich kannte ihn kaum.

Er wird nicht loszuwerden sein:
Mauschelpfote, weinerlich und bedauernswert,
Fido Seelenklein, des Gekröses Vertrauter.
Ein Mülleimer reicht ihm.
Das Dunkel ist sein Knochen.
Ruf ihn sonst wie, er hört auf alles.

Schlammloch, zufriedenes Stallgesicht.
Ich habe einen Schrank Abfall geheiratet.
Ich bette mich in eine Fischpfütze.
Hier unten ist der Himmel nur am Fallen.
Schweinesuhl ist am Fenster.
Die Sternkäfer werden mich diesen Monat nicht retten.
Ich haushalte in Zeits Darmende,
Zwischen Ameisen und Mollusken,
Herzogin von Nichts,
Haarzahns Braut.

5

Flute Notes from a Reedy Pond

Now coldness comes sifting down, layer after layer,
To our bower at the lily root.
Overhead the old umbrellas of summer
Wither like pithless hands. There is little shelter.

Hourly the eye of the sky enlarges its blank
Dominion. The stars are no nearer.
Already frog-mouth and fish-mouth drink
The liquor of indolence, and all things sink

Into a soft caul of forgetfulness.
The fugitive colours die.
Caddis worms drowse in their silk cases,
The lamp-headed nymphs are nodding to sleep like statues.

Puppets, loosed from the strings of the puppet-master,
Wear masks of horn to bed.
This is not death, it is something safer.
The wingy myths won't tug at us any more:

The moults are tongueless that sang from above the water
Of Golgotha at the tip of a reed,
And how a god flimsy as a baby's finger
Shall unhusk himself and steer into the air.

5
Flötenklänge aus einem schilfigen Teich

Nun siebt sich die Kälte nieder, Schicht für Schicht,
Auf unsere Laube an der Seerosenwurzel.
Oben verwelken die alten Schirme der Sommerzeit
Wie markhohle Hände. Es gibt wenig Zuflucht.

Stündlich dehnt das Auge des Himmels seine blanke
Herrschaft aus. Die Sterne sind kein bisschen näher.
Froschmaul und Fischmaul, schon sieht man sie trinken
Den Schnaps der Trägheit, und alle Dinge sinken

In eine sanfte Glückshaube von Vergessen.
Die flüchtigen Farben verbleichen.
Köcherfliegenwürmchen dösen in ihren Seidengehäusen,
Die lampenköpfigen Larven verfallen in Schlaf wie Statuen.

Marionetten, befreit von den Drähten des Puppenspielers,
Gehen mit Masken aus Horn zu Bett.
Dies ist nicht der Tod, es ist etwas Sichereres.
Die flügeligen Mythen zerren nicht länger an uns:

Die Häutungen sind sprachlos, die über dem Wasser sangen
Von Golgatha auf der Spitze eines Schilfrohrs,
Und wie ein Gott, hauchzart wie ein Babyfinger,
Sich herausschälen wird und Kurs Richtung Luft einschlagen.

6

Witch Burning

In the marketplace they are piling the dry sticks.
A thicket of shadows is a poor coat. I inhabit
The wax image of myself, a doll's body.
Sickness begins here: I am a dartboard for witches.
Only the devil can eat the devil out.
In the month of red leaves I climb to a bed of fire.

It is easy to blame the dark: the mouth of a door,
The cellar's belly. They've blown my sparkler out.
A black-sharded lady keeps me in a parrot cage.
What large eyes the dead have!
I am intimate with a hairy spirit.
Smoke wheels from the beak of this empty jar.

If I am a little one, I can do no harm.
If I don't move about, I'll knock nothing over. So I said,
Sitting under a potlid, tiny and inert as a rice grain.
They are turning the burners up, ring after ring.
We are full of starch, my small white fellows. We grow.
It hurts at first. The red tongues will teach the truth.

Mother of beetles, only unclench your hand:
I'll fly through the candle's mouth like a singeless moth.
Give me back my shape. I am ready to construe the days
I coupled with dust in the shadow of a stone.
My ankles brighten. Brightness ascends my thighs.
I am lost, I am lost, in the robes of all this light.

6
Hexenverbrennung

Auf dem Markt stapeln sie das trockene Holz auf.
Ein Dickicht aus Schatten ist ein schlechter Mantel. Ich bewohne
Das Wachsabbild meiner selbst, einen Puppenkörper.
Krankheit beginnt hier: ich bin eine Dartscheibe für Hexen.
Nur der Teufel kann den Teufel austilgen.
Im Monat der roten Blätter besteige ich ein Bett aus Feuer.

Es ist leicht, dem Dunkel die Schuld zu geben: das Maul einer Tür,
Des Kellers Bauch. Sie haben meine Wunderkerze ausgeblasen.
Eine schwarzschuppige Dame hält mich in einem Papageienkäfig.
Was für große Augen die Toten haben!
Ich verkehre mit einem haarigen Geist.
Rauch entrollt sich dem Schnabel dieses leeren Krugs.

Wenn ich klein bin, schade ich nicht.
Wenn ich nicht rumrenne, stoß ich nichts um. So sprach ich,
Unter einem Topfdeckel hockend, winzig und reglos wie ein Reiskorn.
Sie drehen die Brenner hoch, Ring für Ring.
Wir sind voller Stärke*, meine kleinen weißen Gefährten. Wir wachsen.
Es tut weh zuerst. Die roten Zungen werden die Wahrheit lehren.

Mutter der Käfer, öffne doch deine Hand:
Ich fliege durch den Kerzenmund wie eine unversengbare Motte.
Gib mir meine Form zurück. Ich bin bereit, die Tage zu klären,
Die ich mit Staub verkuppelte im Schatten eines Steins.
Meine Knöchel hellen sich auf. Helligkeit ersteigt meine Schenkel.
Ich bin verloren, ich bin verloren, in den Roben all diesen Lichts.

* Gemeint ist die Glucoseverbindung, wie sie z. B. in Kartoffeln, Reis, Mais etc. vorkommt, aber auch im Engl. klingt eine abstrakte Bedeutung mit: einerseits Steifheit, andererseits Mumm. Anm. d. Ü.

7
The Stones

This is the city where men are mended.
I lie on a great anvil.
The flat blue sky-circle

Flew off like the hat of a doll
When I fell out of the light. I entered
The stomach of indifference, the wordless cupboard.

The mother of pestles diminished me.
I became a still pebble.
The stones of the belly were peaceable,

The head-stone quiet, jostled by nothing.
Only the mouth-hole piped out,
Importunate cricket

In a quarry of silences.
The people of the city heard it.
They hunted the stones, taciturn and separate,

The mouth-hole crying their locations.
Drunk as a foetus
I suck at the paps of darkness.

The food tubes embrace me. Sponges kiss my lichens away.
The jewelmaster drives his chisel to pry
Open one stone eye.

This is the after-hell: I see the light.
A wind unstoppers the chamber
Of the ear, old worrier.

7
Die Steine

Dies ist die Stadt, in der Menschen geflickt werden.
Ich liege auf einem großen Amboss.
Der flache blaue Himmelskreis

Flog davon wie ein Puppenhut,
Als ich aus dem Licht fiel. Ich betrat
Den Magen der Gleichgültigkeit, den wortlosen Spind.

Die Mutter der Mörser zerkleinerte mich.
Ich wurde ein stiller Kiesel.
Die Steine des Bauchs waren friedlich,

Der Kopfstein ruhig, durch nichts gestört.
Nur das Mundloch pfiff schrill,
Aufdringliche Grille

In einem Steinbruch von Schweigen.
Das hörten die Leute der Stadt.
Sie jagten die Steine, einzeln und wortkarg,

Das Mundloch schrie ihre Plätze aus.
Wie ein Foetus trunken
Sauge ich am Brei des Dunkels.

Die Nahrungsröhren umschlingen mich. Schwämme küssen meine
Flechten weg.
Der Juwelenmeister muss seinen Meißel einrammen,
Um ein Steinauge aufzustemmen.

Dies ist die Nachhölle: ich erblicke das Licht.
Der Wind entriegelt die Kammer
Des Ohrs, alter Ärgermacher.

Water mollifies the flint lip,
And daylight lays its sameness on the wall.
The grafters are cheerful,

Heating the pincers, hoisting the delicate hammers.
A current agitates the wires
Volt upon volt. Catgut stitches my fissures.

A workman walks by carrying a pink torso.
The storerooms are full of hearts.
This is the city of spare parts.

My swaddled legs and arms smell sweet as rubber.
Here they can doctor heads, or any limb.
On Fridays the little children come

To trade their hooks for hands.
Dead men leave eyes for others.
Love is the uniform of my bald nurse.

Love is the bone and sinew of my curse.
The vase, reconstructed, houses
The elusive rose.

Ten fingers shape a bowl for shadows.
My mendings itch. There is nothing to do.
I shall be good as new.

Wasser beruhigt die Kieslippe,
Und Tageslicht legt seine Eintönigkeit auf die Wand.
Die Transplanteure sind gut gelaunt,

Erhitzen die Zangen, heben die zierlichen Hämmer.
Ein Strom rührt die Drähte auf, Volt
Auf Volt. Katgut* heftet mir jeden Spalt.

Ein Arbeiter geht mit einem rosa Torso vorüber.
Die Lagerräume sind mit Herzen voll.
Dies ist die Stadt der Ersatzteile.

Meine umwickelten Beine und Arme riechen süß wie Gummi.
Hier können sie Köpfe richten und alle Glieder.
Am Freitag kommen die kleinen Kinder,

Um ihre Haken gegen Hände zu tauschen.
Tote Männer lassen anderen ihre Augen.
Liebe ist die Uniform meiner kahlen Pflegerin.

Liebe ist Knochen und Sehne meines Fluchs.
Wiederhergestellt, beherbergt die Vase
Die flüchtige Rose.

Zehn Finger formen eine Schale für Schatten.
Meine Nähte jucken. Es gibt nichts zu tun.
Ich werde so gut wie neu sein.

* Das engl. *catgut* wurde als medizinisches Fachwort nicht eingedeutscht, d. h. nicht als *Katzendarm* bezeichnet, aus dem das tierische Nahtmaterial ohnehin nicht bestand. Man verwendete Schafdarm und Rinderkollagen, die inzwischen ersetzt wurden durch synthetische Materialien. Anm. d. Ü.

Contents

The Manor Garden	6
Two Views of a Cadaver Room	8
Night Shift	10
Sow	12
The Eye-Mote	16
Hardcastle Crags	20
Faun	24
Departure	26
The Colossus	28
Lorelei	32
Point Shirley	36
The Bull of Bendylaw	40
All the Dead Dears	42
Aftermath	46
The Thin People	48
Suicide Off Egg Rock	52
Mushrooms	54
I Want, I Want	58
Watercolour of Grantchester Meadows	60
The Ghost's Leavetaking	62
Metaphors	66
Black Rook in Rainy Weather	68
A Winter Ship	72
Full Fathom Five	76
Maudlin	80
Blue Moles	82
Strumpet Song	86
Ouija	88
Man in Black	92
Snakecharmer	94
The Hermit at Outermost House	98
The Disquieting Muses	100

Inhalt

Der Park des Herrenhauses 7
Zwei Ansichten eines Leichenraums 9
Nachtschicht 11
Sau 13
Das Augenstäubchen 17
Hardcastle Crags 21
Faun 25
Abreise 27
Der Koloss 29
Lorelei 33
Point Shirley 37
Der Bulle von Bendylaw 41
All die lieben Toten 43
Nachspiel 47
Die dünnen Leute 49
Selbstmord am Egg Rock 53
Pilze 55
Ich will, ich will 59
Aquarell von Grantchester Meadows 61
Des Geistes Abschied 63
Metaphern 67
Schwarze Krähe bei regnerischem Wetter 69
Ein Winterschiff 73
Fünf Faden tief 77
Weinerlich 81
Blaue Maulwürfe 83
Dirnenlied 87
Ouija 89
Mann in Schwarz 93
Schlangenbeschwörer 95
Der Eremit am Äußersten Haus 99
Die beunruhigenden Musen 101

Medallion 106
Two Sisters of Persephone 110
The Companionable Ills 114
Moonrise 116
Spinster 120
Frog Autumn 124
Mussel Hunter at Rock Harbour 126
The Beekeeper's Daughter 134
The Times Are Tidy 136
The Burnt-Out Spa 138
Sculptor 142
Poem for a Birthday 144
1 Who 144
2 Dark House 148
3 Maenad 150
4 The Beast 154
5 Flute Notes from a Reedy Pond 156
6 Witch Burning 158
7 The Stones 160

Medaillon 107
Zwei Schwestern der Persephone 111
Die getreuen Leiden 115
Mondaufgang 117
Alte Jungfer 121
Froschherbst 125
Muschelsucherin bei Rock Harbour 127
Des Imkers Tochter 135
Die Zeiten sind rein 137
Das ausgebrannte Bad 139
Bildhauer 143
Gedicht für einen Geburtstag 145
1 Wer 145
2 Dunkles Haus 149
3 Mänade 151
4 Das Vieh 155
5 Flötenklänge aus einem schilfigen Teich 157
6 Hexenverbrennung 159
7 Die Steine 161

Suhrkamp Verlag GmbH
Torstraße 44, 10119 Berlin
info@suhrkamp.de
www.suhrkamp.de